한실잡

이 책은 저작권법에 의해 보호받는 저작물이므로 무단 전재와 복제를 금합니다.
이 책 내용의 전부 또는 일부를 이용하려면 반드시 저작권자와 별출판사의 서면 동의를 받아야 합니다.

화달잡감

서양화가 전창운 교수의 그림 인문학

이 책이 나오기까지 함께 한 별 출판사 이자빈 대표와 고도디자인팩토리 나은산,
내 다정한 이웃 이경교 교수에게 고마움을 전합니다.

또

하나

말뭉치

지구위에

던져진다

그리고…

01

세상에 눈 없는 새가 과연 존재할는지

지난 입춘 무렵이다. 오랜만에 친구 몇이 남도 여행길에 올랐다. 4월 어느 봄날 하루를 빌려온 듯 날씨는 너무 좋았다. 봄동 파란 들녘 위로는 종달새 한 마리쯤 청해보고 싶었다. 장흥, 회진을 지나 마량쯤으로 기억된다. 일행 중 소설가 이청준 선배가 느닷없이 '눈 없는 새' 이야기를 꺼내는 게 아닌가.

영암 월출산 밑자락 무위사無爲寺에 가면 많은 벽화가 그려있는데 그중 하나엔 눈 없는 새가 그려 있다는 것이다. 눈을 그리지 않은 것은 그려 넣으면 금방이라도 새가 날아가 버릴 거라니, 나의 마음을 잡아당기는 것이다. 그도 언젠가 그곳에 들러 벽화 속의 눈 없는 새를 찾아보려 했지만, 종래는 못 찾고 돌아갔다고 한다. 듣는 순간 '화가의 눈'은 자신감으로 차올랐다. 그 날 저녁 운주사에 들러 많은 고행 석불들을 보고 나서 다음 날 아침 무위사에 가기까지 나는 '눈 없는 새'만 마음에 꼭 쥐고 다녔다.

무위사는 조선 초기 세종 12년(1430)에 건립, 건물 내부에는 삼존을 안치하고 후불벽 양측 벽에는 성종 7년(1476)에 그린 벽화가 있어 내부 공간을 더욱 장엄하게 하고 있었다. 여기에 '눈 없는 새'의 얘기가 전해 내려오고 있었던 것이다. 나의 '눈 없는 새'의 관심을 알아차린 이 선배는 무위사에 도착하자마자 극락전 벽화 앞에 나를 세웠다.

기다렸다는 듯 숨어있을 '눈 없는 새'를 찾기에 숨을 죽였다. 얼마 후 경내를 둘러본 일행은 타고 온 차 쪽으로 나가버렸다. 눈 없는 새를 찾지 못한 화가의 눈은 바빠지기 시작했다. 마침 선방에서 나오는 불자 한 분을 앞세우고 극락전으로 가서 그림에 얽힌 사연을 들을 수 있었다.

옛날 이 절을 다 짓고 난 주지 스님은 극락전 내부에 벽화를 그려 넣으려 했는데 마침 고승 한 분이 지나다 이 사실을 알고 자신이 그려보겠다고 했다는 것이다. 고승은 벽화가 다 완성될 때까지 절대로 안을 들여다보지 말라는 간곡한 부탁을 주문했다. 49일인가 100일인가 지나서 벽화가 완성되던 날, 궁금해 하던 주지 스님은 벽화가 거의 완성되었으리라 믿고 문틈으로 그만 안을 들여다보고 말았던 것이다. 그런데 이 어찌 된 일인지 고승은 보이지 않고, 파랑새 한 마리가 입에 붓을 물고 날아다니며 벽화를 그리고 있는 것이 아닌가. 순간, 주지 스님을 알아차린 파랑새는 곧 날아가 버렸다. 극락전에 아미타불 지상보살 관세음보살 삼존 중 관세음보살 상에만 눈동자가 없는 데 이것은 그런 이유에서라는 것이다.

'눈 없는 새'는 바로 관세음보살상이었다는 이야기다.
단지 눈으로 확인하고 만족하려는 세속의 욕망에서 벗어나 참나眞我를 깨닫게 해주는, 깊은 뜻을 알게 하고 눈 없는 새를 찾을 것이 아니라 스스로 눈 없는 작은 새가 되어 세상을 환히 밝히는 인간으로 살아가라는 '말씀'이었다. 무위無爲커라!

진정한 '화가의 눈'도 여기에 다 있는 것이 아니었던가. '눈 없는 새'에 눈을 그려주려다 되려 내 눈을 찾았다는 이야기다.

02

곱닥한 제주에서 요망지게 살아온 지집빠이들을 만나다
(아름다운 제주에서 다부지게 살아온 여인들을 만나다)

처음부터 나의 제주제일경으로 돌담을 정한 것은 아니다.
내 나이 20대 중반에 처음으로 제주를 밟았을 때는 이곳도 우리나라인가 싶은 색다른 남국향南國香에 취해있었다. 중문의 지삿개 주상절리에서 바라다보는 한라산 전경은 말 그대로 내 마음의 샹그릴라Shangrila였다. 오늘에 와서는 컨벤션 센터가 들어서 그 좋았던 제주 일경의 아름다웠던 맛을 흐리게 해 그만 내 마음에서 밀리고 말았다.

누가 뭐라 해도 제주의 일경은 돌담에서 찾아야겠다.
돌이 천지인 제주에서는 어딜 가나 돌담이 따라다닌다. 뒤따라오는 녀석이 있는가 하면 앞질러 가 저만치서 손짓하는 녀석도 있다. 차를 타고 달려도 어느새 바싹 다가서 다칠까 걱정되는 녀석까지 있다. 그런데도 눈에 거스른다든가 성가시게 구는 녀석이라곤 하나도 없다. 그저 편안하고 다정한 사람과의 동행이란 생각이 든다.

내가 돌담을 좋아하는 이유는 키를 넘지 않고 나지막한 것이 만만해서다. 수수하고 엉성해 보이기까지 한 게 마치 오래 지내온 친구 같다. 여인으로 치자면 어제 만나고도 오늘 또 만나고 싶은 여인의 평안함 같다고나 할까.

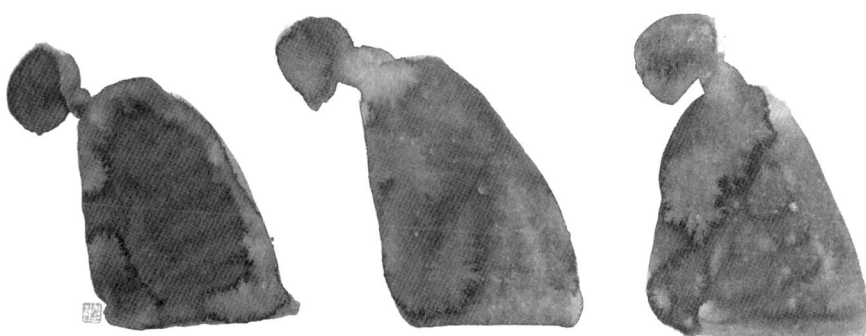

생김새도 그렇다.
더도 덜도 아닌 그만 그만한 것들이 올망졸망 다 모여 눕기도 하고 앉기도 하고 또 비스듬히 서 있는, 어떻든 분명한 사실은 모두가 서로 맞대고 있다는 것이다. 그러면서도 불편함은 전혀 볼 수 없는, 서로가 서로에게 잘 어울려주고 있다는 사실이다.

혹시 한 녀석이라도 움직일라치면 금세라도 와르르 허물어져 내릴 것만 같다. 다듬고 치장한 것은 하나도 발견할 수 없다. 특별히 각지고 모난 것도 없다. 둥글둥글한 자연 그대로의 것이다. 오랜 세월 풍상을 거쳐 저 깊숙한 내면으로부터 밀고 나온 흔적은 온몸에 구멍투성이라는 것이 이들의 공통점이다.

돌의 운명도 갖가지인 듯하다.
어떤 돌은 바람 방지, 우마 방지, 밭과 밭의 경계선을 만드는 밭담으로 쓰이고, 어떤 돌은 고기를 잡기 위해 바다에 쌓아 놓은 원담용으로, 또 어떤 돌은 집 울타리에서 우잣담으로 주인과 함께 산다. 작은 공예품으로 관광객을 기다리며 졸고 있는 돌도 보인다. 특히 죽은 영혼을 지키는 산담으로 심장이 살아가는 돌도 있다. 검은 돌담 너머로 보이는 바다의 푸른색은 시원한 경치를 이루고 노란 유채색과도 검은 돌담이 잘 어울리는 것을 캘린더에 오른 화가들의 그림에서도 자주 만난다.
비에 젖어 까무잡잡한 돌담색이 주변의 초록색을 더욱 싱그럽게 떠받혀 주는 색 대비의 신비함!

돌담의 검은 색은 어느 것하고도 친한 색이다.
돌담은 세상 만색을 껴안은 창상創傷의 색이다. 우주의 자색玆色이다.
우주의 행성들이 하나의 돌이라면, 돌은 분명 우주 색을 지닌 것이 아닌가.
돌담 앞에서 인간이 편안할 수 있는 조건은 인간 또한 소우주라는 것을 알 때만이 가능한 일이다.

연암 박지원이 일찍이 '검은 까마귀의 날개 빛'에서 날개의 빛깔을 유금빛으로 석록빛으로 비취빛으로 보았던 것을 보면, 그가 제주의 돌담을 얼마나 깊이 있게 보고 우주의 색을 잘 이해한 사람이었던가를 알 수 있다.
돌담을 쌓은 석공의 지혜 또한 대단하다 하겠다.
돌 이빨을 잘 맞추어 쌓아가는 과정에서 강풍을 통과시킬 구멍을 함께 생각하던 이른바 채움과 비움의 조화!

오늘 돌담은 인생 오후반을 걸어가는 환쟁이를 불러놓고 이렇게 말한다.

> "
> 인생은 뒤에 남은 것에서 힘을 찾아야 하네.
> 화가는 한 자리를 묵묵히 지키는 나무 같아야 하고
> 걸작은 만년에 이뤄진다는 것도 꼭 명심하게.
> 아름다운 건 더디 이뤄진다는 것도.
> 유의반원有意反遠하고 무심자근無心自近이라 한 것도
> 잘 알고 있겠지, 힘내시게!"

소나이는 드물고 지집빠이들만 많이 보이는 제주!
고기를 잡으러 먼바다에 나간 소나이들과 테우 고기잡이배는 거친 풍랑 속에 사라지고 홀로 남은 지집빠이들이 물질하고 땅을 일구어
농사를 짓는다.
삶의 고단함에 굴하지 않고 요망지게 살아오는 제주 여인들!
그들은 세쥬 성신의 뿌리요 제주를 지켜온 정신이다.

돌담을 벗하고 밭일을 하는 중에는 이웃의 여인들이 모여 함께 돕는 수놀음 농사일 품앗이도 보았지만, 그래도 내 마음에 늘 자리하고 있는 것은 남편 간 자리에 홀로 밭을 일구는 생명의 숨비소리뿐 노래 없는 여인이다.
흰 머릿수건 흰 저고리에 갈중이, 검은 바지 입고 물허벅 등에 지고 올레길을 따라 걸어가는 제주 지집빠이들의 풍경은 제주 풍경 중 최고의 풍경이다.

오늘도 해는 서쪽 오름을 넘어가고 있다.

    돌밭을 일궈 삶의 터전으로 살아가는 지집빠이들!

    살아서는 밭담을 일구고 죽어서는 산담을 짓는다.

    출생에서 죽음까지 제주인은 담장과 더불어 산다.

    담장에서 출발해 담장에서 끝나는 셈이다.

제주의 돌바람 속에서 3남 6녀를 낳아 기른 중문의 김상순 88세 할머니가 그 산 증인이다.

많은 자식 중에 혹시 잘못되어 한밤중에라도 찾아올까 걱정하는 어미의 마음, 외등은 밤새 마당을 밝히고 있다. 딸들은 합창하고, 막내는 지휘봉을 잡았다. 둘째 아들 일형이는 색소폰을 불어 재꼈다. 많은 청중 가운데 어머니의 흰 머리가 슬쩍 보였다.

제주는 한낱 풍경Landscape으로 시작해서 인정人情 세계의 인스케이프Inscape로 들어가는 거대한 입구였다.

03

뒷모습

관심이 표현으로 이어진다는 'Impress-Express' 평범한 사실에서 아름다움은 탄생하는 것이다. 아름다움은 감춰져 있는 것이다. 아름다움은 발견자의 몫이며 하찮은 것도 발견자의 시선에 따라 새로운 아름다움으로 태어날 수 있는 것이다. 관심과 사랑만이 자극과 반응을 가속한다는 것도 나는 잘 알고 있다. 그래서 화가는 숨어 있는, 감춰진 아름다움과 숨바꼭질 놀이를 하는 사람이다. 행복도 결심한 만큼 자기 것이 되는 것처럼 제아무리 좋은 경치라도 여행자의 이야기를 듣기보다는 직접 찾아가 보는 것이 자기 것이 된다.

그런데 흥미 있는 일은 이성에 대한 그리움만큼이나 사람들에게 또 다른 것이 있다면, 그것은 '확인하고 싶은 충동'을 가지고 있다는 사실일 것이다. 굳이 프로이트의 말을 빌지 않더라도 살아있는 모든 것은 '인정의 필요성need to be accepted'을 요구하고 있는 것이다.

나는 그림에 뒷모습의 여인을 자주 올린다. 수상하기까지 한 뒷모습에 긍정적인 나와는 달리, 보는 이들은 적잖이 궁금해 한다. 「빨래하는 여

인」이나 「김매는 여인」은 모두가 뒷모습으로 그려져 있다. 정면을 빗겨 뒤로 앉힌 것도 정면의 확인보다는 풍문과 애정을 나누는 여인의 숨과 체온을 통하여 영원한 동반자로 있고 싶어서다.
릴케는 '아름다움이란 우리가 아직도 간신히 견디고 있는 두려움의 시작'이라고 말했다.

뒷모습!
그것은 바로 두려움의 시작인지도 모르겠다.

나의 집사람을 모델로 한 「미사보 쓴 여인」이나 「화가의 아내」란 작품에서 아내의 눈, 코, 입 등을 뚜렷이 그리지 않은 이유도 여인의 초상적 한계를 넘어 기도하는 아름다움으로 드러내고 싶어서다. 겉 아닌 안을 관심한 것이다.

언제나 시작과 끝은 중요하지만, 과정에 많은 관심을 갖는 나로서는 뒷모습의 여인을 사랑한다. 살며시 건드려 얼굴을 보고도 싶지만 혹시나 깨어 화폭을 열고 달아날까 봐 조심스럽기까지 한다.

04

예전과 같지 않아 일찌감치 취기가 올라 자세라도 흐트러지면, 아직도 청춘이냐고 핀잔주는 아내 앞에서 옛 학창 시절 팔뚝 자랑하던 때가 생각나곤 한다. 그때도 4교시가 끝나야 점심시간이었지만 한 시간 전 선생님께서 칠판을 향해 판서라도 길게 하는 날이면 놓칠세라 책상 안에 있는 도시락 뚜껑을 살짝 열고 콩자반 한 알을 빨리 입안에 넣고 가만히 오물거리면, 콩을 절인 장물이 입안을 감돌아 뱃속에선 벌써 손님 모실 준비를 하곤 했다. 이러니 선생님의 말씀은 귓전에 두고 또 다음 기회를 조용히 기다린다.

그 무렵 콩자반 하면 멸치를 빼놓을 수가 없는데, 일단 찬밥을 넓적한 숟가락으로 긁어서 콩자반과 멸치에 고추장을 섞어 도시락을 좌우상하로 흔들어 뚜껑을 열어 보면 빨간 고추장을 뒤집어쓴 멸치가 먹기 좋게 꼬부라져 있다. 하도 맛있어 아끼는 마음으로 숟가락을 제쳐놓고 젓가락으로 반은 흘리며 먹게 마련인데, 이때의 꿀맛을 지금도 나는 잊을 수가 없다.

지난여름은 중국에 이어 중앙아시아의 실크로드를 다녀온 후 여독이 채 가시기도 전에 화우들과 함께 서해 스케치 여행을 떠났다. 군산에서 서

남쪽 뱃길로 한 시간 반 정도 가면 선유도에 닿는다. 이곳은 서해 고군산 열도 중의 하나로 주변에 신시도, 방축도, 말도, 관리도 등을 끼고 있어, 자동차와 도보로 이들 세 섬을 편히 왕래할 수 있게 되어 있다.

선유도에서는 고군산열도 중에서 가장 높은 바위산으로 옛 유배된 충신이 귀양살이하면서 매일 산봉우리에 올라 임금이 있는 북쪽을 향해 예를 올리며 그리워했다는 망주봉이 눈앞에 먼저 들어온다. 여름 햇살 눈부시게 쏟아지는 명사십리 금빛 모래밭이 시원한 바닷물에 적셔지고, 망주봉에서 바라보는 해 질 녘 선유낙조는 이곳 고군산 팔경 중에서도 잊지 못한 추억이다. 억수 비가 내리면 망주봉엔 폭포가 생기고, 팔경 중 장자어화라는 명칭이 있을 정도로 옛 장자도와 관리도 사이에서 많은 고기가 잡혔다는 것을 말해주기도 한다. 또 옛날 최치원 선생이 달을 보면서 글을 읽었다는 월영대도 주위의 유명한 곳이다.

수령을 알 수 없다는 팽나무 한 그루가 있는 백사장-이른바 그 모양이 마치 모래 위에 내려앉는 기러기 형상과 같다는 평사낙안이 망주봉 앞으로 길게 놓여 한 폭의 그림을 연출한다. 고군산 남단의 세 무인도 근처에서 만선을 이룬 배들이 깃발을 올리고, 북과 꽹과리를 치며 이들 섬을 거쳤다는 삼도귀범도 이곳이 과거의 풍어 고장이었다는 것을 잘 말해 주고 있다.

말도에서 방축도까지의 12봉이 파도 위에 마치 춤을 추듯 놓여 있고, 북단에 있는 무인도는 지리적으로 없어서는 안 될 방파제 역할을 하고 있어 선단의 안식처라 할 수 있다. 무엇보다도 장자도를 중심으로 한 선유도다. 무녀도는 멸치의 고장이다. 서해에서 가장 품질 좋은 멸치를 생산하고 있으며 8~11월까지 넉 달 동안에 많이 잡히고 가을 멸치가 최고라고 한다. 봄철에 담근다는 까나리 액젓 또한 이곳의 특산물이다.

해송을 끼고 고개 언덕을 넘으면 노란 달맞이꽃이 타는 풀섶 모퉁이에 검은 기름 연기가 이글거리는 나직한 멸치 가마솥을 만난다. 커다란 가마에 바닷물을 붓고 여기에 소금을 넉 되 정도 넣어 100°C 펄펄 끓는 물을 만들어 방금 건져온 멸치를 넣어 익혀서, 깔때기라는 납작한 플라스틱 소쿠리로 멸치를 건져 쨍쨍 햇볕에 말리는 아주머니의 구슬땀을 만나 볼 수 있다. 또 평평한 길 위에 긴 그물을 깔고 멸치를 널어 말리는 풍경은 흡사 농촌의 가을 곡식을 말리는 것과 같다. 이곳 섬사람들에겐 바다가 곧 밭이 아닌가. 사람의 손이 여러 번 거쳐 만들어지는 멸치는 그 크기로 몇 등급이 나뉘는데, 가장 작은 실치와 가이루라고 하는 소멸과 다음으로 최상품으로 치는 3㎝ 정도의 주바라는 중멸이 있고, 제일 큰 대멸(일명 통멸)이 있다.

  어떤 것이 제일 좋은 멸치지요?

일하던 아저씨는 인지를 ㄱ자로 구부려 보이며

  몸이 곧고 은빛이 나며 머리를 숙인 놈이요 한다.

섬에서 몇 분 거리에 고깔처럼 생긴 '낭장망'을 세 개의 앙카에 고정시켜

쳐놓고 수시로 나가서 그물에 들어간 은빛 색의 멸치를 걷어 올려 끓는 물에 담가 삶아내는 것이다. 이러한 과정에서 시간이 지체되든가 하면 배가 터지면서 머리가 뒤로 자빠지는 하품의 멸치가 된다. 그러나 모든 것이 순조롭게 만들어진 멸치는 몸이 바르게 머리를 숙인 주바라고 하는 중간 정도의 멸치가 되는 것이다. 짜지도 않으며 은빛 색을 띤 바로 이런 멸치가 시장에서 주부들의 사랑을 가장 많이 받는 최상품인 것이다. 머리를 뒤로 젖히고 종래는 배때기까지 터진 건방진 놈은 죽어서도 하등으로 밀리는 신세가 되고, 죽더라도 몸을 바로 하고 머리를 숙인 놈은 인간의 사랑을 받는 최상의 멸치가 되는 것이다.

> "나무가 흔들리면 잎이 떨어진다.'라고 경고한 공자의 교훈이 새로워진다. 곡식도 익으면 머리를 숙이는 법이다. 인간에게 잡혀 와 펄펄 끓는 물에 죽으면서도 계속 머리를 숙이고 자기를 낮추는, 새삼스레 '멸치의 교훈'을 음미하면서, 멸치처럼 살아야겠다고 생각해 본다.
>
> 학창시절 어머니께서 늘 싸주셨던 멸치 반찬의 의미를 이제야 조금 알 것 같다. 지난여름 서해 스케치 여행은 좋은 그림을 얻은 것 이상의 수확이었다. 멸치와의 만남을 통해 새로운 삶의 발견이 그것이다."

05

충북 진천 쪽으로 야외 스케치를 갔을 때일 것이다.
버스 한 대로 많은 화우들이 함께 갔다.
모두 차에서 내려 화구를 둘러메고 산 밑 마을로
접어 들어가는데
앞서던 한 사람이 되돌아 내려오면서 하는 말이,

　산중으로 드니 답답하고 눈에 보이는 게 없군. 하자,
　뒤쫓아 오던 사람이 한마디 거든다.

　난 산중으로 드니 그윽하고 마음이 편안하다.

같은 장소에 가서도 보고 느끼는 것이 서로 다르니
그리는 자리도 사람마다 다를 것은 뻔한 일이다.
그러고 보니, 그린 그림이 서로 다른 것은
당연한 일이다.

그런가 하면 어떤 이는 " 구도가 어디가 좋으냐 "
라고 묻기도 한다.
보이고 안 보이고, 답답하고 트이고,
또한 좋다고 하는 구도도 모두 다 제 마음 안에 있는 것인데,
안은 보지 않고 밖만 보려 하는구나!

    그림은 제 안을 다스리는 것이라는데….

Landscape를 넘어서 Inscape로 말이야!
내면 풍경을 볼 수 있어야지.
Landscape는 단지 조미료에 불과한 것이 아닌가.

    보이는 것에 속지 말고
    보이는 것을 조심해야지.

화가는 겉모양새를 표현하는 것이 아니라
마음의 고움을 표현하는 것이겠지….

#
06

월급 받고 그리겠지

경기도 안성 쪽 고삼 저수지 변으로 몇 채의 집이 조용한 풍경을 보이고 있다. 둔덕 밭 언저리에 서 있는 옥수수를 벗하고 있을 때다. 말동무가 그립던 차에 잘 됐다 싶은 모양, 할머니 한 분이 내 옆으로 게걸음으로 슬슬

다가선다. 야외스케치 길에서 행여 고운 돌 하나 줍지 않을까 싶어 모르는 척하고 있는데 아니나 다를까. 할머니는 나의 예감을 적중시킨다.

  월급은 얼마나 받수?
  … 월급?
  아니, 이렇게 그려 가면 월급은 얼마나 받느냐고

그냥 취미로 그리는 거라 하니 할머니께서 다그친다.

  월급 안 받고 누가 그냥 그려!

평생을 그림의 길을 걸어오면서 할머니 같은 말은 처음 들어본다.

  월급, 월급이라….

그럼 이제부터 월급 받으며 그림 그려 볼까….
월급도 그렇지, 누가 줘야 받는 것인데, 그림 그리기 전에 먼저 월급 줄 사람부터 찾아야겠다.

나는 화가가 아닌가. 현실에 늘 초연하고자 하지만, 그래서 나간 야외스케치 길엔 언제나 삶의 무게만큼의 두터운 벽이 내 앞을 가로막고 있었다.

07

언젠가는 추운 날씨에 애들이나 시키지 영감이 손수 나왔느냐고, 내게 측은지심으로 다가서던 바로 그 영감 집의 전에 앉았던 자리에서 소를 그리고 있을 때다.

    영감은 뭘 그리오?
    - 소를 그리고 있지요.

    소가 어디에 있어요?
    - 영감 집 뒷골 산이 있고, 산을 넘어 내려가면 좁은 냇물이 흐르
      고, 건너편으론 논밭이 있지요. 논밭을 따라 내려가다 왼쪽으로
      길을 틀어 들어가면 안골 마을이 있고요.

'영감은 그렇다'고 한다. 시골에 가면 대개 이런 곳이 많다. 바로 그곳에 있는 소를 그린다 하니 '영감은 참 눈도 밝소!'라고 한다. 영감이 화가의 심안을 짐작이나 했겠는가.

하야 서릿발을 뒤집어쓴 어새플 풍경이 다소 음산하고 쌀쌀한 날이다. 빈집이 드문드문하고 인기척이 거의 없어 개 짖는 소리마저 스산하다. 마당 한구석 낮은 복사나무 밑에 이젤을 펼쳤다. 캔버스 위에서 붓이 덩

실덩실 춤을 추고 있을 때다. 닫혔던 문이 열리면서 주인인 듯싶은 영감이 뒷짐을 지고 슬슬 내게로 다가선다. 낯선 사람을 만나는 어색함이나 서먹함은 전혀 없어 보인다. 영감은 나를 그냥 스쳐 갈 리 만무, 걸음을 멈추고 그리고 있는 내 옆으로 바싹 다가앉는다.

  영감, 몇이나 됐수?

대뜸 나이를 묻는다. 나이보다는 친구 하자는 영감의 첫인사다.

  - 얼마 안 됐어요.

  난, 일흔셋이요.

허, 큰일 났네. 가까운 친구로 지내자는 인사에 곧이곧대로 내 나이를 말하면 오히려 영감이 섭섭할 것 같아 영감의 나이보다 서너 살 밑에 갖다 댄다. 대답을 끝내기가 버겁게 영감은 벙긋이 입을 다시 연다.

  난 아들 하나, 딸 둘 뒀는데 모두 출가시켜
  서울에 살고 있지.

영감 질문에 대답하느라 붓은 더디다.
내 말이 떨어질세라 영감은 매우 재밌는 말을 던진다.

  추운 날씨에 애들이니 시키지 영감이 손수 나왔우?

그림 그리는 일을 농사일에 자주 비유하던 내가 아닌가.
할아버지의 말씀은 많은 걸 생각게 해 준다.

\#
08

소나무는 솔잎을 그려도 소나무 같지 않고, 전체를 그려도 그리려는 소나무에는 미치지 못할 것 같아, 밑동을 한 아름 껴안아 보고 싶은 마음으로 몸통 기둥만 그린다. 소나무는 껍질만 보아도 믿음직하다. 그 속엔 세월과 밝은 햇살이 숨어 있다. 뒷산 앞내의 삶터에 우리 조상과 함께 살아온 소나무 껍질에 말이다.

#
09

정精 타령

인생은 서로 알아주는 맛에 사는 거라며
정도 굵은 정보다 잔정이 필요하다

질박한 삶의 풍경

인생의 존재 자체에 대한 물음을 해볼 때마다 어떠한 모습으로 살아야 하는가에 늘 마음이 쓰인다. 그때마다 열심히 일하는 여인들의 모습 속에서 나는 그 거울을 찾는다.

여행길에서 찍은 사진을 정리하다 보면 여성의 생활 사진이 다른 사진에 비해 월등히 많음을 알게 된다. 화장기 여인보다는 부석부석한 어미가 마음에 들고, 빨래하는 여인의 뒷모습이 예뻐 보인다. 지금도 일손 잠시 멈추고 둘레둘레 앉아 새참 나누던 배밭골 아주머니들의 진실한 삶의 표정이 내 머리에 각인되어 있다. 또 김매는 여인의 뒷모습을 자주 내 그림의 주인공으로 출현시키는 것도 그들의 미모보다는 질박한 삶의 아름다움이 느껴져서이다.

조선조 시대 혜원 신윤복의 '단오풍정'이라는 그림을 내가 유독 좋아하는 것도 그 그림 속에는 여인들만의 해학과 에로티시즘이 있기 때문이고, 또한 인간의 솔직한 마음이 잘 표현되어 있기 때문이다. 인적 없는 산골에서 한나절 도란도란 물소리를 들으며 치마 아래로 흰 속곳을 드러내고 그네를 타는 여인들의 모습과 가슴과 허벅지를 내놓고 몸을 닦는 여인을 초동이 바위 뒤에 숨어 숨을 죽이고 엿보는 그림은 마치 내가 엿보는 양 마음을 들뜨게 한다.

내가 여인들의 일 중에서 좋아하는 것은 빨래하는 풍경이다. 아낙네들이 냇가에 앉아 빨래하는 천변 풍경은 나의 추억 속에 애잔하고 아련하게 찍혀 있다. 큰 빨래의 경우 따로 날을 잡아 하루를 꼬박 냇가에서 지내게 마련인데, 이런 날 냇가는 여인의 삶의 질곡을 풀고 풍문을 수집하는 곳이기도 하였다. 오랜만에 앞가슴을 풀어헤치고 치렁대는 치마를 벗어 던지고 내려치는 빨랫방망이에 수심은 응어리진 한恨과 고스란히 맑은 물포말에 띄워 흘려보내기도 했다.

차돌 밭에 말린 뽀송뽀송한 빨래를 걷어 서녘 하늘 곱게 물들이는 노을을 보며 가족을 향하는 아낙네의 얼굴은 한 폭의 맑은 수채화였다. 질박한 아름다움, 그것이야말로 내 그림의 빛깔이며 향기이고 싶다.

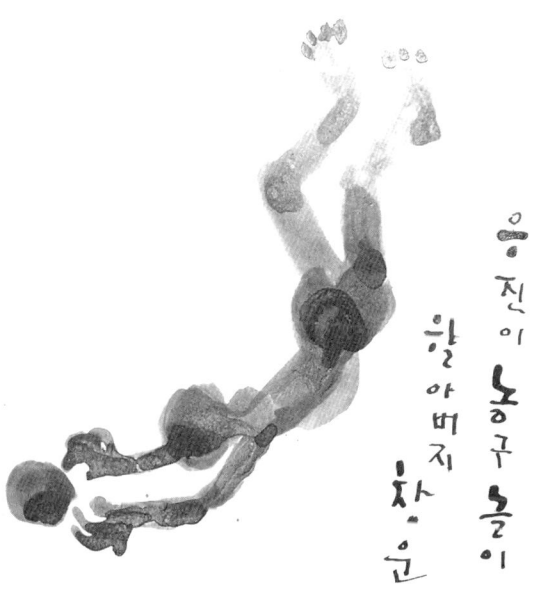

용진이 농구 놀이
할아버지 창운

11

요즘 젊은 사람에게는 거리가 먼 그림 하나를 글머리에 먼저 소개한다. 조선조 시대로 올라가 금강산도, 인왕제색도, 삼각산도 등 진경산수에 능했던 겸재 정선 선생님의 조그만 그림 얘기다.

단칸 초립엔 정자관을 한 노인이 시선을 떨구고, 초립 옆으로는 고목 등걸 하나 휘어 늘어져 있다. 뒤뜰엔 죽림이 울창한데 엉기성기한 목책담 반쯤 열린 사립문으로 언제부터인가 두 젊은이가 마당 한가운데 들어와 있다. 수묵담채로 그려진 이 그림에서 초당이며 고목이며 뒤뜰의 대나무, 엉성하기조차 한 목책담 등 모두는 그 그린 솜씨가 바르기 이를 데 없이 잘 쳐냈다. 그런데 마당 한가운데 서 있는 두 젊은이는 머리에서부터 잘 그려 내려가다가 그만 무릎 정도에서 필을 멈춰 마치 그리다 만 것 같다. 먹이 떨어져 미완성된 것일까.

본래 이 그림은 정문입설程門立雪이라는 고사故事에서 유래한 그림인데, 송학宋學의 대가 정이천 선생을 찾아간 문중의 젊은 두 제자가 스승을 뵈러 갔을 때 스승은 마침 깊은 명상 중이었다. 안으로 들라는 스승의 음성이 있어야 오를 텐데, 명상 중이시라 마당에서 조용히 대기하고 있는 장면이다. 두 젊은이를 무릎까지만 그린 것은 그들이 사립문을 들어설 때부터 내리기 시작한 눈이 무릎까지 차오른 것을 표현한 것이다.

이 그림은 스승의 성해聲欬를 얻으러 간 제자들의 태도를 잘 표현해 주었고, 스승과 제자 간에 흐르는 높은 존경과 질서의 고귀한 아름다움을 보여주는 그림이라 흐뭇하다. 정말 요즘을 살아가는 젊은이는 물론 모든 사람에게 반드시 새겨야 할 내용이라 본다.

'인생은 어찌 보면 서로 알아주는 맛에 사는 것'이요, 인생의 공생 공리에는 예의가 첫째라고 볼 때 자기를 낮추고 상대를 높이 섬기는 마음이야 말로 밝은 인간 사회를 만들어가는 자원이다. 모자 얘기를 좀 해보기로 하자. 그림에서 정이천 노인의 정자관은 스승의 상징이요, 높은 어른으로서의 권위다. 예부터 모자는 관혼상제의 통과의례 중 첫 번째 상징이었다. 아이가 어른이 되는 예식에 남자는 갓을 쓰고 여자는 쪽을 졌으며, 혼례에도 신랑은 사모紗帽를 쓰고 신부는 칠보로 장식한 족두리나 화관을 썼다. 또 상중喪中엔 복건을 썼다.

이렇듯 모자는 큰일이 있을 때마다 썼으며 사람의 신분에 따라서 모자의 크기도 달랐다. 예컨대 사대부나 양반은 창이 넓은 갓을 썼고, 평민은 창이 좁은 갓을 썼다. 모자는 쓰는 사람의 신분을 나타내는 것 이외에도 그 사람의 인품이나 인격을 헤아리게 하고, 권위나 정신을 잘 나타내는 상징이었다. 그래서 모자는 깔고 앉지 않는 것이요, 넘어 다녀도 안 되는 물건이었다. 착용할 땐 옷과 함께 바르게 해야 한다.
본래 모자란 추위니 더위로부터 머리를 보호하거나 장식적, 또는 사회적 지위의 상징으로서 머리에 쓰는 물건을 총칭함일 거다. 그러나 시대의 흐름에 따라 문화상의 변화를 모자에서도 본다. 옛사람들이 모자를 통해 그들의 정신적 내면을 드러내 보였다면 현대인들은 '겉꾸미기' 패션에 비중을 많이 두는 것으로 변했다. 선글라스, 가방, 휴대폰, 컴퓨터 등 이른바 패션 시대에 모자도 크게 한몫을 하고 있다. 우리 옛 조상들은 풀잎 스치는 소리를 들으며 자연에서 겸손과 호연지기를 익혔다. 그 후에는 중무장하고 판금 소리에 몸을 흔들어대며 매연 속으로 들어가고 있는 게 아닌지 생각해본다.

잠시 유행하다 사라지는 모자를 보면서 모자도 잠시 솟아올랐다 사라지는 물거품인 '비너스'에 지나지 않는 것인지도 모르겠다. 단벌인 수녀, 승려, 성직자가 부럽기도 하다. 무엇보다도 동네 야쿠르트 아주머니의 모자에서 건강과 행복의 열린 기쁨을 만나고, 푹 눌러 쓴 모자에서 닫힌 마음의 그늘을 보는 삶의 명암을 보게 된다. 또 휴전선 풀밭에 뒹구는 녹슨 철모에서 민족분단의 아픔도 본다. 모자는 문화상의 차이를 대변하는 하나의 징표이기도 하다. 인도의 사리를 입은 부인과 이슬람의 차도르 여인들은 모자가 따로 필요 없다. 걸친 천으로 머리를 덮으면 그만이다. 모래바람을 방어하는 기능, 이래저래 모자의 역사성은 의미심장하다.

따스한 봄볕 밑에서 모자를 쓰지 않고 그림을 그리노라면 나의 죄를 말리는 기분이어서 정죄의 느낌마저 느낀다. 어찌 죄가 머리에만 있는 것인가. 가슴을 치며 죄를 내 탓으로 돌리는 천주교인에게 죄는 머리에 있는 것이 아니라, 가슴에 있는 것! 그렇다면 머리가 아닌 가슴을 말려야 할 것이 아닌가. '가슴 모자'를 생각해 본다.

별들이 모여 사는 마을을 가면
나도 작은 별이 되고 싶다

졸업식 날 한 졸업생으로부터 야생화를 선물로 받았다. 학교에서 집으로 돌아오는 동안 내 마음은 온통 봉지 속에서 설레고 있었다. 도착하자마자 봉지부터 열었다. 순간, 아주 작은 흰 꽃 얼굴들이 봉지 속에서 옹기종기 모여 앉아 올려다보는 게 아닌가. 한 줌 토분이 밀어내는 생명의 신비다. 눈부시도록 밝고 맑다.

고요함이랄까, 형용하기 어려운 잔잔한 떨림도 봉지 안에서 일고 있었다. 그 속엔 형태도 색깔도 냄새도 소리도 그 지순함에 이르기까지 없는 듯 있었다. 조심스레 분을 들어낸 작은 공간엔 어머니 탯줄에서 막 떨어져 나온 아기의 살 냄새가 피어나고 있었다. 숨을 들어 올리는 경건함은 작은 두려움마저 체험하는 순간이었다.

환한 웃음을 짓는 녀석들, 그중에는 아직 채 피지 못한 아주 작은 얼굴의 송이꾸러미도 보였다. 하나같이 예쁘고 귀여운 모습은 손주 녀석을 꼭 닮고 있었다. 할아버지 깜짝 놀래주려고 숨어 있다가 들킨 아이들처럼 웃어 죽는다. 녀석들이 옹알거리는 듯했다.

아름다운 것은 아주 작은 데에 숨어있는 거라고!
애기별꽃!

이처럼 예쁜 꽃 이름이 또 어디에 있단 말인가! 별꽃으로 인간에게 환히 행복을 비추고 썩지 않는 풀 향기로 세상을 맑게 정화해주는 꽃! 그것은 아주 작은 것으로부터라는 사실을 알게 해준 기회였다. 세상의 많은 이에게 기쁨을 주며 더 멋지고 풍요로운 인간의 삶을 위해 예술이 있다면, 애기별꽃과 크게 다를 바가 어디 있겠는가. 예술의 길에 나도 애기별꽃 되어 사라지지 않는 풀 향기로 남았으면 좋겠다.

산고産苦를 견뎌낼수록 예술 작품은 더욱 빛날 수 있다는 평범한 진리도 야생화를 보면서 다시 생각하게 된다.

교황을 라틴어로 pontifex라 한다.
'다리'를 의미하는 라틴어 pons와, '놓는 사람'을 뜻하는 facere의 합성어로 '다리를 놓는 사람' 즉, 신과 인간 사이에 교량 역할을 하는 이가 교황이다.

서울예술대학교에 들어서면 빨간 철 구조물로 된 다리 모양의 도서관이 가장 먼저 눈에 들어온다. 도서관에는 많은 책과 영상 자료로 꽉 차 있다. 동서고금 사람들의 과거와 현재, 미래의 희망과 꿈이 가득 담겨 있다. 꿈을 이루기 위해 피나게 노력했던 경험이 상세하게 열거되어 있다.

> 예술은 전경을 통한 후경의 환상을 끌어안고 폭발시키는 것이다.
> 꿈을 향한 도전이다.
> 창작은 상상이 밑천이 되고 이것은 충실한 현실 바탕을
> 강조하고 있다.
> 도서관의 책은 양팔을 들어 학생들을 부르고 있다.
> 책 속에 길이 있고 예술 창작의 아이디어가 있다고!

서울예대 도서관은 예학도와 그들의 꿈을 이어주는 교량. 그 위에 열정의 색, 붉은색을 칠했다.

2006년 노벨 문학상을 받은 터키 작가 오르한 파묵은 남들이 직장 갈 때 도서관으로 가 하루 8시간씩 책상에 앉아 쓰고 고치는 성실과 노력을 해 왔대.

    '바늘로 우물 파기'란 표현을 써서 '예술은 영감보다 노력이다'라
    고 하지 않았나.

《페르하트와 쉬린》이란 작품에서 사랑하는 쉬린에게 가기 위해 산을 뚫어서 길을 내야 했던 페르하트의 인내와 끈기를 보여준다.

파묵의 대표작 《내 이름은 빨강》에는 변함없는 열정으로 같은 말馬을 수없이 그리다 보니 눈 감고도 아름다운 말을 그릴 수 있게 된 이란의 옛 세밀화가가 등장한다.

15

고난의 여정을 떠나는 것을 두려워하지 않는 사람이 화가이다.

치열한 고민과 노력으로 만든 작품을
텅 비어 있는 전시장에 걸어 놓고
오지도 않을 관람객을 기다리는 것은 과연 무슨 의미가 있겠는가

아니, 예술이 사람들에게 어떤 의미를 주기나 하는 것일까 [맹지영]

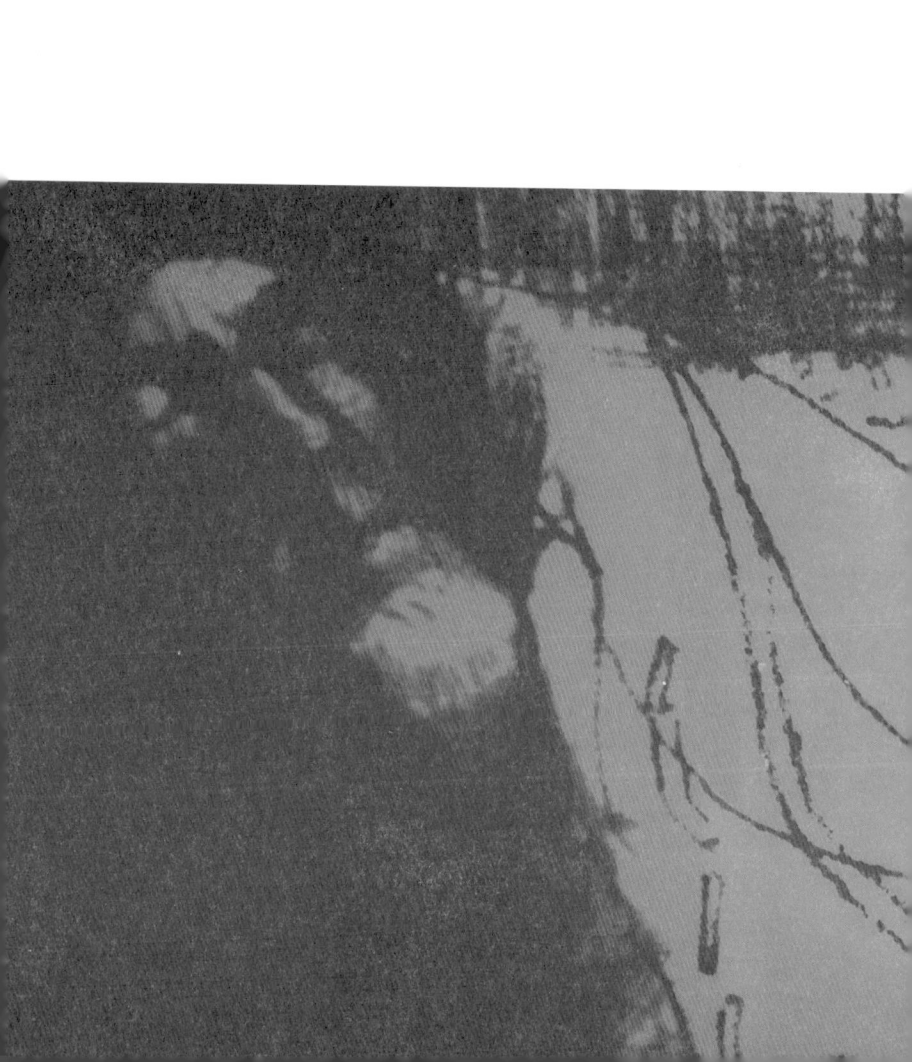

#16

나, 누구?

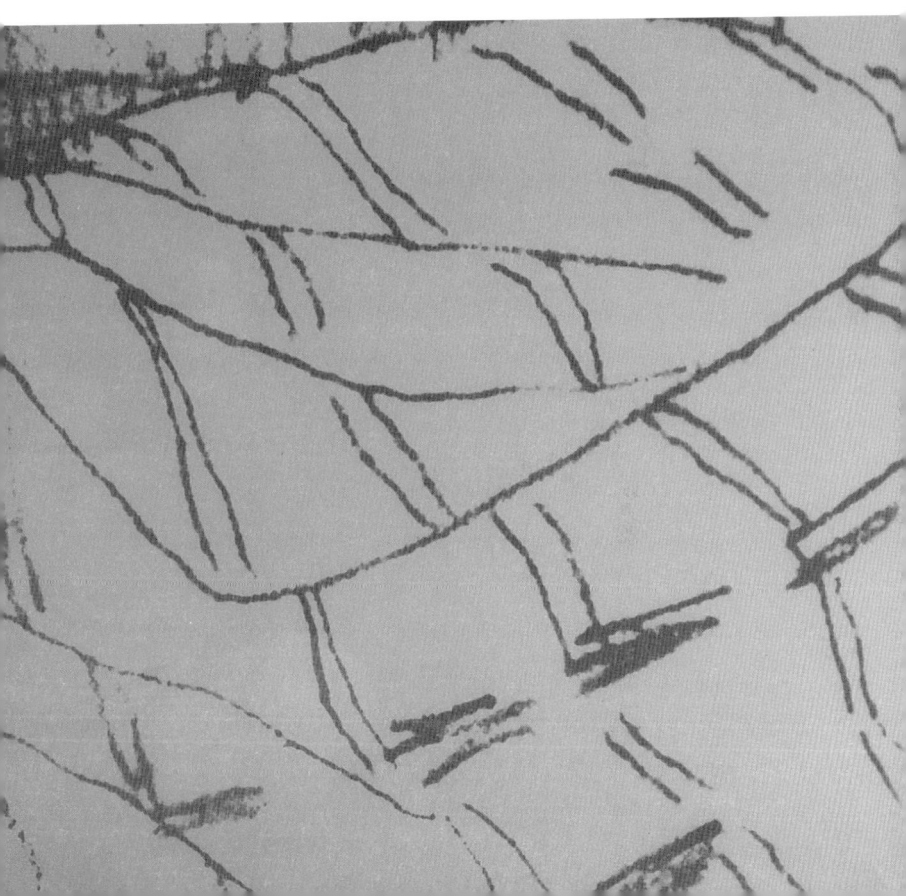

#
17

나의 작품이 누군가의 인생에
잊지 못할 감흥을 주고
마음의 여유와 평화와 희망을 줄 수 있다면
얼마나 좋을까.

도스토옙스키는 사형 집행 5분 전을 2분, 2분, 1분으로 나누어 생각했다.

처음 2분은 같이 지내던 친구를 생각하고
다음 2분은 자신을 생각하고
나머지 1분은 아름다웠던 풍경을 생각했다고 한다.

연암 박지원은 제자들을 제2의 '나'라 하며
모두를 친구로 삼았다고 한다.

그의 제자 이덕무가 쓴 '친구' 에세이를 보자.

> 만약 내 가까운 지기 하나 있다면
> 나는 십년 동안 뽕나무를 심을 것이다.
> 그리고 일 년간 누에를 쳐서 실을 뽑아
> 손수 오색 물감을 들여 오색실을 만들리라.
> 이를 따스한 봄볕에 말려서 여리디여린 내 아내로 하여금
> 백번을 연마해 만든 금침으로 내 친구의 얼굴을 수놓게 하여
> 귀한 비단으로 장식하고 고옥으로 축을 만들어
> 높디높은 산과 창망하게 흘러가는 강물 사이에 펼쳐놓고
> 온종일 말없이 내려다보다가
> 해 질 녘 곱게 개서 품에 안고 돌아오리라.

프랑스어로 친구를 copain, '맛있는 빵을 나눠 먹는 사이'라고 한다.
동료도 camarade, '같은 방을 쓰는 사이'란다.

詩人인 척 멋을 내는 사람일수록 유명 시인이 되려고 뛰어다닌다.

시인은 뛰어 다니는 사람이 아니다.

내밀히 틀어박혀 자신을 태우는 사람이 아닐까.

묵묵히 시를 쓰는 사람으로 걸어갈 때에

비로소 남들이 그를 보고

시인이라고 불러줄 것이 아닌가.

좋은 시인은 자신의 명함에

시인이라고 새기지 않는다.

화가도 마찬가지다.

21

지금 누군가 당신을 바라보고 있다. 걸어가는 당신의 뒤를 바싹 쫓으며 당신을 잡으려 하고 있다. 두려움에 떨며 도망치는 당신의 곁으로 다가서 당신을 붙잡고 쏘아보고 있다. 섬뜩함에 놀란 당신, 식은땀이 살갗 위에서 떨고 있다. 잠시 후 무슨 소린가 들려오고 있다.

화가의 이름으로 사는 당신에게 특히 어려울 때일수록 빠져들 수 있는 상업주의에서 벗어나 살아야 한다고 준엄히 말해 주고 있다.

톨스토이도 말했듯이, 그림을 그리고 조각을 만들며, 시와 소설을 쓰는 것이 인간사 중 전쟁 다음으로 피곤한 장난이라고 하지 않았는가.

화가로 사는 사람은 깊은 고민과 회의에 빠지기도 하며 화면에서 불안과 공포도 경험해야 한다. 작가는 자기 작품에 실망이 있을수록 강력히 돌파하는 도전도 있어야 한다고 조용히 들려준다. 또, 예술혼을 찾아 당신은 많은 나날을 넘어지고, 깨지고, 허기진 구토를 해야만 한다고 일러준다. 당신이 세상에 나섰을 때, 세상은 어둡고 문은 굳게 닫혀 있어 그 문을 손이 붓도록 두들겨야만 한다고 말해 준다.

당신의 작품에서만은 전혀 한기가 보이지 않는, 그래서 쇳물을 쏟아붓는 강렬한 열정으로 앉혀야 한다고 힘주어 말한다.
이제, 불타는 예술혼으로 살며 화가의 이름으로 사는 따가운 시선과 음성을 주었던 이가 누구인지 알 것 같다.

네덜란드의 작은 마을 프로트 쥔데르트에서 예쁜 아기로 태어난 빈센트 반 고흐Vincent van Gogh는 1890년 7월 29일 동생 테오의 품에서 죽기까지 예술에 대한 불꽃 같은 생을 살았다. 다음날 7월 30일 에밀 베르나르와 늘 그에게 따뜻한 마음으로 배려해 주었던 몽마르트르의 물감상 줄리앙 탕기 영감과 뤼시엔 피사르와 로제, 봉거 가쉐, 그리고 동생 테오가 마을 사제로부터 장례미사를 거절당한 장례행렬을 프랑스의 오베르 쉬르 우아즈 공동묘지까지 따라가던 장면은 왜 그리도 찡하게 남는지 모르겠다.

빈센트의 관은 노란 빛깔의 꽃으로 덮여 있었고, 그중에는 해바라기도 끼어 있었던 것은 아직도 많은 사람의 가슴에 남아 있으리라. 특히 그가 파리 시기 이후 쇠약해진 몸과 마음을 추스르기 위해 남프랑스 프로방스의 아를에서 15개월 동안 200여 점의 작품을 제작했던 것과 37살의 젊은 나이로 세상을 떠나기까지 37점의 많은 자화상을 남긴 것은 화가의 이름으로 사는 당신에게 어떤 감동으로 다가오고 있는지….

얼마 전 당신은 빈센트 반 고흐가 그린 한 자화상이 뉴욕 크리스티 경매장에서 7천1백50만2천5백 달러(약 9백억 원)에 팔렸다는 어느 일간지에 실린 내용을 보았을 것이다. 1889년 어머니의 생일 신물로 그린 그의 마지막 자화상으로 추정되는 '수염 없는 예술가의 초상'이라는 제목이 붙은 자화상 말이다. 그 자화상을 보면 한바탕하고 링을 내려온 권투선수 같다고나 할까, 상대방의 귀까지 물어뜯어 피를 보고야 말았던 어느 야수와도 같은 권투선수와 너무도 흡사하다.

그의 눈을 보면 격렬해서 감히 쳐다보기조차 무서운 '아메리칸 핏불'이란 맹견의 눈보다 더욱 무섭게 보인다. 사자나 맹수의 눈은 차라리 이보다 순하다. 천사보다 고운 눈을 가지고 태어난 빈센트가 그처럼 무서운 눈으로 변해 간 것은 화가의 이름으로 사는 당신에게 어떤 메시지를 주고 있는 것인가. 자신의 내면을 뚜렷이 응시하는 그의 눈빛을 보며 당신은 어떤 생각에 잠겨 있는가.

약 900억 원에 팔린 고흐의 자화상을 보면서 작가와 작품은 한 알의 귀중한 밀알이란 생각이 새삼 들었다.

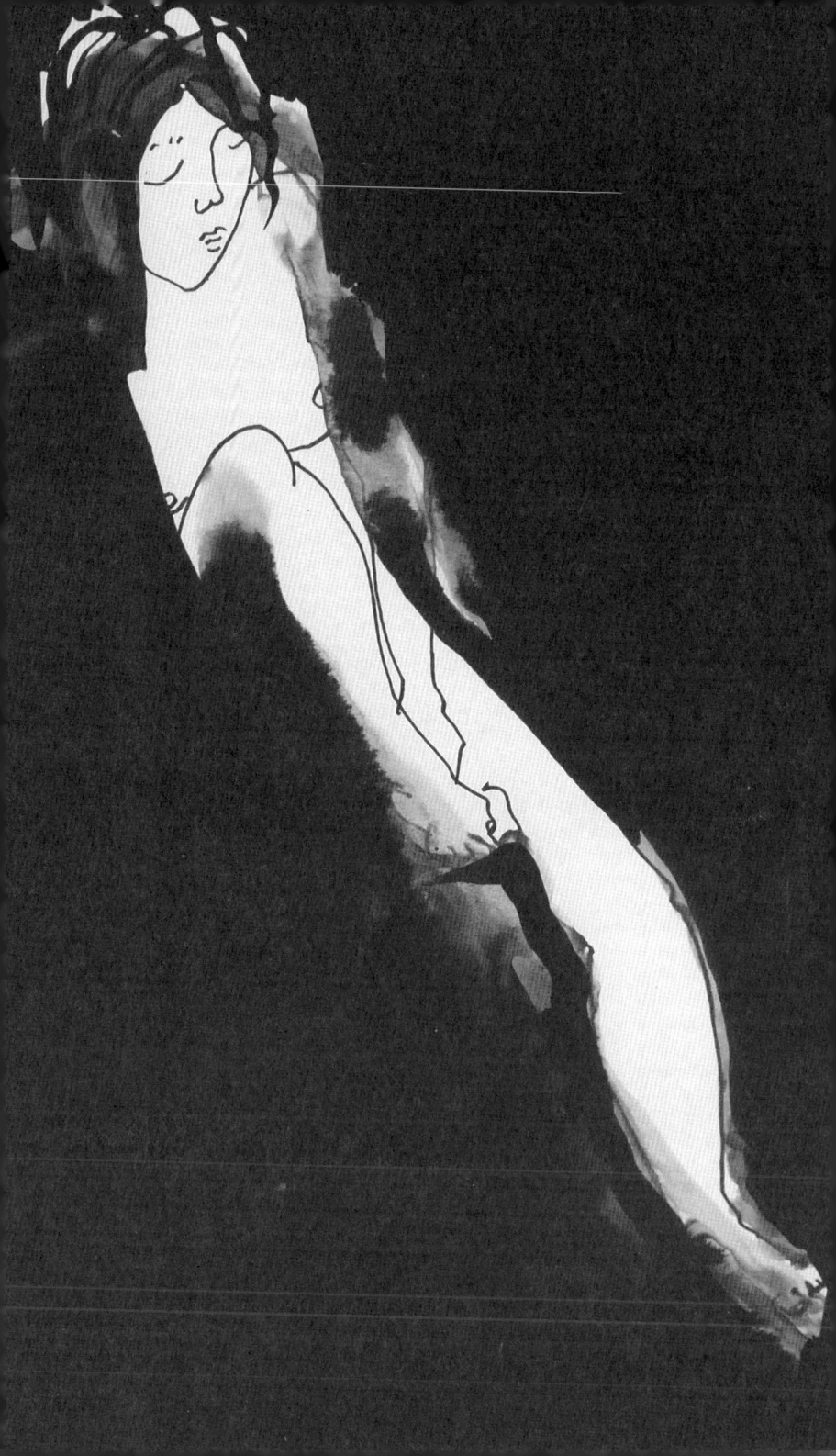

#
22

야, 이 녀석들아 숨 좀 쉬어라. 숨 막혀 죽겠다.
교수가 귀한 집 애들 모아다 놓고 떼죽음 시켰다고
신문에 날라!

호기심과 긴장감으로 숨죽이고 그려가는 학생들에게 던지는 노교수의 한마디에 새내기들은 실기장이 떠나가게 웃어댄다. 예고된 수업이지만 처음 대하는 벌거벗은 여체에 실기실 분위기는 숨을 죽인 채 조용하다. 출입문 여닫는 모양새 하며, 허리를 굽히고 자리에 드는 모습은 제법 가풍 있는 집안의 아이들일 거란 생각이 들기도 한다.

경험으로 보아, 평소 수업에 십 분 정도 늦는 건 예사로 친다 하고, 심지어는 수업이 거의 끝날 무렵이 돼서야 디미는 놈까지 있는데, 어쨌든 그럴 만한 사정이 있겠거니 부드럽게 넘어가기로 하고, 이런 저런 얘기를 해가는데 교수의 말씀은 귓전에 두고 잡담에 들어가는 학생이 하나둘 샛별 돋듯 한다. 놓칠세라 이런 꼴을 그냥 넘길 리 만무하니 곧장 진압 작전으로 들어가는데 그 속도는 잡담이 번지는 속도에 늘 못 미친다.

혹시, 이 광경을 창밖에서 들여다본다면 정말 가관일 것이다. 파리채를 들고 파리를 쫓아다니는 일이 수업 내내 이어지는데, 강의에 앞서 출석이라도 먼저 부르는 날이면 교수의 눈을 피해 도망가는 학생도 있다. 이런 경우는 아예 눈앞에서 사라졌으니 그래도 나은 편이다. 여학생은 남학생과 달리 노교수의 마음을 묘하게 끌고 간다. 화장실에 다녀오겠다고 깍듯이 허락까지 받고 나간 사람이 함흥차사라 화장실에서 어떻게 되지 않았나 해서 학생까지 보낸 일도 여러 번 있었으니 말이다.

여학생의 화장실행은 꼭 2인 1조다. 뭐라고 말할 수도 없고. 여학생은 서로 사이좋게 팔짱을 끼고 볼일을 보는 것. 궁금증은 화장실을 다녀오는 학생과 얼굴을 서로 마주하여 미소 짓는 것으로 풀어본다.

이러니저러니 해도 노교수의 눈에 솜털 보송한 새내기들이 여간 귀엽지 않다. 학생의 차원을 넘어 각 가정의 대표들이 모여 앉았다고 보면 얼마나 대견하고 의젓한지 모르겠다. '열심히 가르쳐야지!' 노교수는 다짐해 본다.

노교수의 마음은 무겁기에 앞서 기분이 넉넉하고도 또 넉넉하다. 숨길 수 없는 사실은 떠들고 지각하고 결석도 자주 하던 학생이 누드 수업만큼은 누구보다도 먼저 나타나 앞자리를 차지하고 있으니 이 일을 어찌 보면 좋을까. 그래도 노교수의 기분은 흐뭇할 수밖에 없다. 효자 새끼다. 학기 초 새내기들에게 주는 노교수의 즐거운 첫 선물은 누드 수업이다. 입시 준비로 밀폐된 화실에서 2, 3년씩 석고인지 뭔지 하는 놈하고 매일 씨름해온 아이들에게 정말 맛있고 영양가 많은 누드라는 특별 메뉴를 던져 주는 것이다. 아그리파, 줄리앙, 비너스 등 석고를 그리게 하는 일은 그 이유야 어디에 있든 간에 옛 서양의 조상님네를 모시고 제사 지내는 꼴이란 생각마저 들 때도 있다. 즐거운 마음으로 그려야 할 그림이 밤낮 잣대질이나 하고 있었으니, 이 얼마나 한심하고 곤혹스러운 일이었던가!

만약 개털과 누드가 있다면 어디에 시선이 먼저 갈까. 뻔하다. 빠른 형태 파악과 선의 새로운 맛을 알게 해 주기 위해 생생한 알몸을 던져주는 것이 노교수의 야심이다. 누드를 그리면 금방이라도 화가가 된 기분이라는데, 수업을 받는 학생들을 애어른 만들었다 싶어 슬며시 미소 짓는다.

첫 시간 아이들의 그림을 보자면 안 웃곤 못 배긴다. 뒷짐을 지고 애써 근엄해 보이려는 노교수도 아이들의 그림 앞에선 곧 어린애로 돌아가고 만다. 대개는 얼굴부터 그려 가는데 각양각색이다. 목과 어깨까지는 잘 나간다. 갈매기 위에 두 점 찍은 가슴까지도 그냥 봐준다. 복부 밑으론 용기가 나지 않아서인지 대체로 우회하여 내려가는데 다리와 발에선 별 흥미를 못 가지는 눈치다. 그린 결과는 노교수가 평소 알고 있는 인체의 상식을 순간에 깨버리는 것이다.

E.T, 마네킹, 미끈한 누드를 보고 이렇게 그리기도 쉽지 않음을 알아서인지 학생들은 서로 쳐다보며 웃어 죽는다. 모델도 노교수도 뒤따라 파안대소다. 이렇게 첫 누드 수업은 웃음바다다.
가슴 표현에서도 그렇지만, 특히 학생들이 우회한다는 그곳을 안 그리면 종이호랑이를 접은 꼴인데, 바로 이럴 때 노교수의 처방이 없을 리 없다. 녀석들을 모델 앞으로 바싹 전진 배치하게 시키고 우회한다는 바로 그곳을 집중적으로 두세 번 그리게 한다. 그러면 다음부터는 절대 성림^{聖林} 표현에 주저하는 학생은 한 사람도 없게 된다.

> "모델 위에서 미끄럼 탄다고 생각해.
> 춤을 춘다고 말이야. 기쁘게 노는 거야.
> Line-gesture를 생각하며 선을 그을 때도 길게,
> 길게 끊이지 않게 말이야.
>
> 서울에서 부산까지! 첫사랑 영원히!
> 한 번 해병은 영원한 해병이야!
>
> 인생은 틀리면서 배우는 거야!
> 자신 있는 선을 그어대!"

노교수는 열을 내서 소리를 질러댄다. 첫 수업이 끝난 후 6주 정도 지나서, 이 아이들은 모델을 닮은 예쁜 옥동자를 종이 위에 낳았다. 이 맛에 선생 한다니까. 선생은 학생에게 무엇을 가르치는 게 아니라 새롭게 눈을 틔워 주는 것이라고 한다.

○월 ○일
강의를 마치고 나오다 벽에 붙어 있는 어느 학생의 분실물을 찾는 광고 앞에서 나는 그만 발이 묶였다.

울었습니다.
밤새 울었습니다.
지금도 울고 있습니다.

학교 근처에서 술을 마시고 잃어버린 '다이어리'를 찾는 한 학생의 간절한 광고다. 찾아주는 사람에게는 밥 → 커피 → 술까지 사주고, 게다가 애프터서비스로 미칠 광, 술 주, 광주회狂酒會 명예 회원으로 입회까지 시켜준다는 것이다. 다이어리는 그 학생의 전부일 텐데.

○월 ○일
일요일, 인사동의 아침은 야외 사생 나가는 사람들로 활기차다. 그림에 향한 의욕만큼이나 등짐은 무거우나 서로 만나 나누는 인사만큼은 맑고 유쾌하다. 사생지로 떠나는 버스 안은 따뜻한 정담과 설렘으로 이야기꽃을 피운다.

정작 그림을 그리러 가는 것은 나지만, 한편 생각해 보면 그림에 이끌려 나가는 셈인데, 그렇다면 그림이 나보다 힘이 더 센 게 아닌가 하는 생각이 든다. 그린다는 고정관념을 넘어서 어딘가 숨어 있을 아름다운 한 귀퉁이를 찾아내서 캔버스에 상차림 해야겠다. 일행 중엔 오랜만에 박병준 화백도 보인다. 농부가 농사를 짓듯 부지런히 흙은 일구는 구수한 분이다. 그는 나의 옆자리로 와서 가까이 살을 맨다.

    저어, 전 선생. 내가 오늘 귀한 걸 하나 줄게.
    - 뭔데요.
    몇 달을 잘 키워 깎아서 말린 건데. 뭘까?
    호랑이보다 더 무서운 건데
    - 그제야 나는 곶감!

그는 슬그머니 주머니에서 곶감이 들어있는 종이컵을 꺼내 나에게 건네준다. 버스의 차창으로 들어오는 연둣빛 햇살이 나와 박 화백의 얼굴 위로 퍼져 나가고 있었다. 나는 그 곶감을 온종일 가지고 있다가 돌아오는 길에 옆 사람과 나누어 먹었다. 박 화백의 내면 풍경은 얼마나 따뜻한 것일까. 내내 마음에서 떠나지 않았다. 장호원의 복사꽃 마을은 복사꽃 향으로 취해 있었다. 복사꽃 그리러 간 화우들이 한데 어울려 돌아가는 모양은, 복사꽃이 사람을 그리는 건지 사람이 복사꽃을 그리는 건지 도무지 분간이 어렵다. 오랜만에 병상 출가처럼 찾은 복사꽃 마을이라 화점花點 찍는 일은 뒤로 미루었는데 연분홍 꽃잎은 한 닢 두 닢 떨어져 화면을 채워간다.

순간 김춘수의 '꽃'을 노래해 본다.

> 내가 그의 이름을 불러준 것처럼
> 나의 이 빛깔과 향기에 알맞는
> 누가 나의 이름을 불러다오.
> 그에게로 가서 나도 그의 꽃이 되고 싶다.
>
> 우리들은 모두 무엇이 되고 싶다.
> 너는 나에게 나는 너에게 잊혀 지지 않는
> 하나의 눈짓이 되고 싶다.

찾아 다가가 존재를 인식하고 그의 가치를 찬미하며 너와 나 하나 되는 기쁨을 만난다. 곶감 인정도 얻고, 좋은 그림도 그린 기분 좋은 하루였다.

24

변용變容, 그 무한한 가능성

스케치를 나간다는 것은 현장 검증을 나가는 검사가 아니다.
더욱 마음에 드는 그림을 운 좋게 주워보려고 나온 사람도 아니다.
자연과 교감하며, 현장에 부딪히고 고향 초 뜯어 맛있는 음식을 만들고 싶어 나온 사람들이다. 그림에 그런 향기가 많았으면 하는 마음으로 나온 전사戰士라고 감히 말해도 좋으리라.

필연적인 만남, 그 기다려지는 만남을 위해 낯선 곳을 향하여 오늘도 무거운 등짐을 지고 나서는 것이다.
세상의 아름다움을 보게 하고, 정지된 그림이 아닌 생생한 그림으로 있게 함에 늘 머리 숙이는 마음으로 살지만, 그림 숲으로 들어가는 길은 멀고도 고되다.

삶과 세상에 바른 섭리를 좇는 마음으로 자연의 사물을 차별 없이 평등하게 대할 때, 거기에 아름다운 사랑과 평화로운 자유가 깃든다.

어느 날, 마티스가 모델을 앉히고 그림을 그리고 있었는데, 그때 한 사람이 들어와서 마티스의 작업 과정을 한참 들여다보고 말을 건넨다. 그림의 한쪽 팔을 가리키며 모델의 것과 같지 않다고 한다. 그때 마티스는 그에게 다음과 같은 말을 한다.

> " 이것은 모델이 아니라 나의 작품이다."

마티스의 이 말 한마디는 나의 창작 생활에 늘 힘이 되어 준다.

20세기 문학의 창시자라는 별명을 듣는 아르헨티나의 보르헤스Jorge Borges는 원래 도서관의 사서로 백과사전 찾기가 취미였다. 그의 나이 45살 되던 해에 그는 문설주에 머리를 부딪쳐 잠시 의식을 잃게 되었는데, 여기서 자신의 정상적인 의식을 테스트하기 위해서 알렙이란 소설을 쓰기도 한다.

보르헤스는 '자연은 거대한 도서관이다. 여행이란 책의 한쪽을 여는 것과 같다.'라고 말하면서 자연은 무한히 새롭게 해석될 수 있는 것이라고 이야기한다.

'구약시대 이후 창조는 없다'라는 말로 오직 패러디만이 가능할 뿐이라고 이르기도 했다. 패러디란 패스티시pastiche가 아닌, 과거의 틀을 완전히 깬 새로운 창작을 말함이니, 시야의 개방이고 세상을 새롭게 보려는 시선이 아닌가.

나는 그림 속에 좋아하는 소를 자주 끌어다 앉힌다.
누런 가을 들녘을 배경으로 향해 앉은 소는 암소든, 황소든 내게 그리 중요치 않다.

왜냐하면, 소의 객관적 사실 묘사는 나에겐 거리가 멀다.
가장 중요한 것은 소를 어떻게 보느냐다.
소를 보는 내 마음의 눈길이 중요한 것이다.

소는 곧 나 자신이고, 소의 눈도 나의 눈일 수 있다.
또 인간들의 눈일 수도 있다.
내 그림 속의 검은 소는 들녘에 앉아 있는 현장의 소가 아니라
내 심상에 비친 내면의 소다.
곧 나의 마음이다.

"이것은 모델이 아니라 나의 작품이다."라는 마티스의 말처럼
변용, 그것의 현장을 나의 검은 소 그림에서 만나 본다.

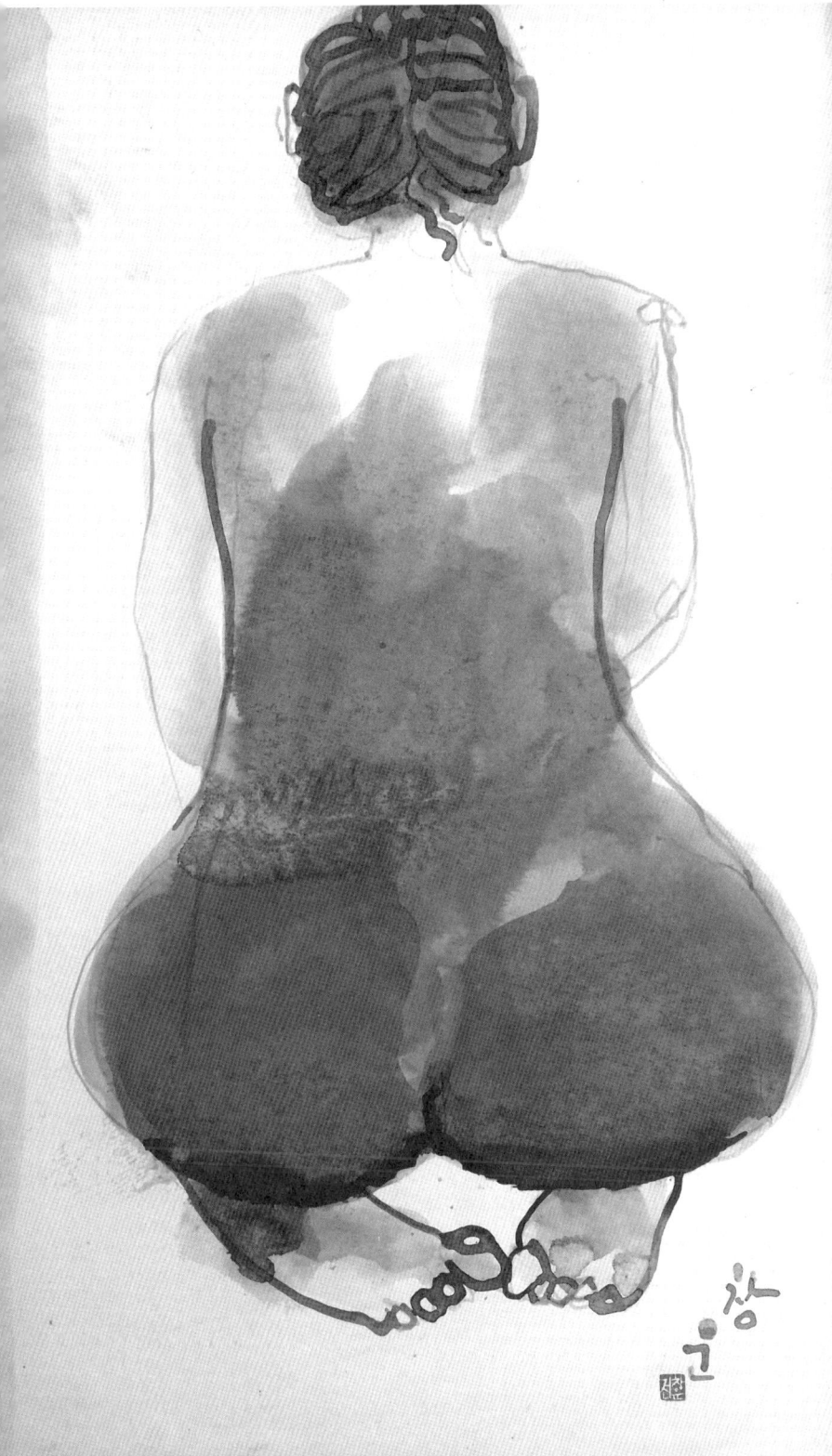

25

'성령께서는 각 사람에게 각각 다른 은총의 선물을 주셨는데, 그것은 공동이익을 위한 것이다.'

사도 바울이 고린도인들에게 보낸 첫 번째 편지 12장 7절에 나오는 말씀이다.

일리야 레핀은 러시아 근대 최고의 리얼리즘 화가다. 그는 철저한 사실주의 정신을 바탕으로 신비의 환상을 느끼게 하는, 이른바 신의 경지란 평을 듣는 화가다. 그의 많은 작품 중에는 길이가 10m에 가까운 대작도 있다. 이 작품은 제국 최고 의회 100주년 기념 회의를 그린 것으로 마린스키 궁전의 원형 홀에서 의장 니콜라이 2세와 백여 명에 가까운 많은 의원이 모여 기념 회의를 하는 장면으로, 인물 중엔 십등신이 넘는 것도 있다.

이것은 훗날 이 나라 대부호 트레차코프의 손에 넘어가게 된다. 혁신적인 사실예술의 깊은 이해자였던 트레차코프는 페로프, 쿠라무스코이, 레핀, 슬리코프, 레비탄, 세로프 등 당대의 많은 유명화가를 후원하고 그들의 작품을 수집한 사람이다.

한 예로 1897년 레비탄이 19살 되던 해 그는 사칼리카 공원을 거니는 검은 드레스의 여인을 그린 《가을날》이란 작품을 어느 전람회에 출품하게 되었는데, 이때 트레차코프의 눈에 들어 작품을 사게 되고 이를 계기로 레비탄이 마흔 살의 나이로 죽기 전까지 줄곧 그를 후원하여 러시아 서정적 풍경화의 대가가 될 수 있도록 도와주었던 일을 들 수 있다.

레핀의 《1901년 5월 7일 국가의회 100주년 기념회의》 그림을 구입한 트레차코프는 작품값으로 두 배가 넘게 후하게 쳐주었고, 레핀은 이 돈으로 넓은 정원이 있는 저택을 지을 수 있었으며, 또 자신이 좋아하는 말도 14필이나 사들이게 되어, 말 그대로 '부자 화가'로 살아갈 수 있었던 것이다.

한편, 레닌은 혁명을 일으키게 되고 이때 많은 부호가 처형되었는데 트레차코프만은 이 죽음의 대열에서 제외되었다. 예술을 사랑하고 작품을 구입하여 늘 예술가의 후원자로 서 왔던 사람, 트레차코프는 '인민의 영웅'으로 존경받아 처형의 대열에서 제외되었던 것이다. '현세에 어렵게 사는 것은 내세에 영원히 사는 것'이라고 한 우즈베키스탄 화가 니콜라스 박 선생님의 말씀이 새삼 떠올려지기도 한다. 배금사상과 상업주의에 맛 들이면 수명이 짧고 진리와 예술정신에 따라 살면 찬란히 빛나는 영혼을 구하리라.

모스크바에는 트레차코프 미술관이 있다. 그곳엔 트레차코프가 죽은 동생과 함께 경쟁하듯 모아놓은 작품들이 지금까지 전해진다. 14세기 말에서 15세기 초까지 정열적으로 활약했던 천재 화가 안드레이 루블료프의 걸작 《삼위일체》를 비롯하여 레핀의 《이반 대제와 그의 아들》, 슬리코프의 《공작 모로조프》, 페로프의 《도스토예프스키》 등 불후의 명작들뿐이다. 사브라소프, 레비탄, 부르베리 등 러시아 화가들의 작품에서부터 브로츠키, 프라스토프, 코란, 디네카 등 소련 화가의 작품까지 연대순으로 5만여 점이나 되는 작품들이 50개 이상의 홀에 전시돼 있다.
러시아 예술의 산실 페테르부르크! 네바강은 오늘도 유유히 흐르고 '겨울 궁전' 에르미타주 미술관엔 유럽 미술품이 가득 차 있다. 러시아 미술관은 모스크바의 트레차코프 미술관과 함께 러시아의 근현대 작품으로 꽉 채워져 있는 것을 오늘날 우리가 보고 있는 것이다. 예술의 거대한 산을 보는 기분이다.

전쟁이 나면 무엇보다도 그림부터 안전한 곳으로 옮겼다는 옛 러시아인들, 진정 존경과 감동으로 다가오는 것은 페테르부르크의 '여름 정원'에 있는 20여 개의 많은 조각품이 전쟁 속에서도 그대로 남아있을 수 있었다는 얘기다. 무거운 조각을 빨리 옮길 수 없었기에 그들은 삽으로 흙은 떠서 조각을 덮었던 것이다. 푸른 숲, 하얀 조각의 여름 정원을 거대한 흙더미로 위장해 화를 면한 놀라운 사실을 보면서 예술을 사랑하고 보호하며 열심히 지키려는 옛 러시아인들의 높은 예술정신을 우러러보게 된다. 환난의 와중에서도 미적 정서와 예술 창달을 위해 작품을 가까이하고 수집하며 예술가를 후원한다는 것은 개인의 차원을 넘어 국민의 정신문화를 하나로 굳게 모으는 데 큰 힘이 되리라 본다. 정보화 시대를 타고 물밀

듯이 들어오는 외제의 혼미 속에서 이런 정신은 더욱 요청되고 있다.

그림을 사서 집안에 걸면 가족의 정서에도 좋을 뿐 아니라 기분까지 좋아져서 하는 일도 잘되고, 스트레스도 해소되어 장수하리라 확신해 보는 것이다.

사천리思千里라 했다. 먼 옛날 인간이 처음으로 바다를 바라보았을 때 그것은 하나의 풍경에 지나지 않았으리라. 그러나 인간은 바다를 보며 생각하기 시작했다. 망망대해를 바라보고 오랜 세월 생각에 잠겨 있던 중 바다 위를 건너갈 생각을 하게 된 것이다.

바다를 이용하고 뱃길을 열어 대양에 나갈 항해술을 익혀 고기도 잡고 바다 밑에 있는 석유도 끌어 올렸다. 조용한 정열의 지속만이 천 리 앞 사고를 이룰 수 있다는 것을 알게 된 것이다. 인간은 자신들의 편리 때문에 따뜻한 자연으로부터 피난처를 선택하고 산을 헐고 숲을 무너뜨리고 길을 내고 물줄기를 돌리기도 한다. 집을 짓고 도시를 만들고 또 다리를 놓기도 한다.

캐나다 동남부에는 이 나라에서 가장 큰 세인트로렌스 강이 흐르고 있다. 1890년대 후반 이 강이 관류하는 퀘벡시에는 이 강을 횡단하는 유례없는 대규모의 다리 공사가 세계의 관심 속에서 실행되고 있었다. 어려웠던 국가재정에도 불구하고 정부의 과감한 투자결의가 있었던 것은 이 계획을 담당한 토목 기술진에 대한 절대적 신뢰가 있었기 때문이다. 그러나 이 공사를 담당한 최고 책임기술자의 호기에 찬 자만심이 공사 관리를 소홀하게 함으로써 여러 가지 과오가 드러나 결국 이 다리는 붕괴하고 말았다. 이 큰 공사의 붕괴로 인한 국가 재정적 손실에 울분을 터뜨렸음은 물론, 이때 생명을 잃은 많은 작업원을 위해 캐나다 온 국민은 깊은 애도를 표하면서 기술자의 오만에 분개했다.

이 사고가 일어난 후 토목 엔지니어협회에서는 무너진 다리에서 철근을 뽑아내 그것으로 반지를 만들었고, 모든 토목 기술자들로 하여금 손가락에 반지를 끼게 함으로써 당시의 참상을 잊지 말고 기억하며 더욱 성실한 마음과 겸손한 자세를 갖도록 당부하게 되었다. 이를 계기로 현재까지 캐나다의 모든 공학도는 그들의 졸업식을 앞두고 그들만이 모여서 비밀스럽게 성스러운 이 반지를 끼는 의식을 갖게 되었다.

인간은 무엇 때문에 존재하는 것인가. 단지 먹기 위해서만 존재하는 것은 아니라고 본다. 좀 더 가치 있고 보람된 것을 찾고자 부단히 배우고 발견하여 자유로운 기쁨을 얻고자 함이란 생각이 든다. 시와 소설을 쓰고 또 연극을 하고, 그림, 조각을 만드는 등 창작예술 활동이 모두 이러한 자유로운 즐거움을 맛보기 위해 하는 일일 것이다. 그런데 이런 즐거움을 만들어 가는 과정에서 우리는 때때로 즐겁지 않은 경험을 하는 것은 무엇 때문일까.
'나' 아닌 잡스러운 이물질이 끼어서 그런 것은 혹시 아닐까.
'피카소'라는 일등주의나 최고 최상의 상품을 만들려는 욕심이 끼어들어서 그런 것은 아닌지. 나 자신부터 반성해 본다. 그래서 나는 나의 기쁨을 찾기 위해 늘 안(않) 피카소를 외쳐본다.

인간은 행복하게 살기를 원한다. 그래서 인간은 그 행복에 이르는 방법을 찾고자 무한히 애를 쓰고 있다. 아침 일찍 일어나 정직한 마음으로 부지런히 일하고자 하는 마음도 다 그런 이유에서다.

부단히 배우고 발견하며 무지를 깨고 앎으로서 자유로움에 도달하기 위해 처절한 몸짓을 하는 것이다. 일찍이 우리는 여러 속에 자신의 삶이 있음을 잘 알고 서로의 마음을 전하는 방법을, 그것도 마음을 전하는 일에 인색하면 우리의 세상이 메말라간다는 것도 잘 알고, 되도록 기분 좋게 하려고 한다.

자신을 갈고 태워 모든 이에게 즐거움을 줄 수 있는 예술, 그 예술의 먼 길에서 우리는 오늘도 묵묵히 고단한 걸음을 걷고 있는 것이다. 남아 있음이 분명하고 남아 있을 것에 대한 소망으로 늘 살아가지만 능력의 한계를 느낄 때마다 답답한 마음 피할 길이 없다. 현대 사회는 하나의 거대한 세탁기, 그 속에서 우리는 곤두박질을 치며 하얗게 표백되어가는 것이 아닐는지.

    도로를 질주하는 자동차 매연
    아스팔트로 뒤덮인 도시
    공해에 찌푸린 태양
    통조림 인스턴트 음식물
    에어컨에서 나오는 바람……
    우리들의 적은 의외로 답답하고 우울한 것
    이럴 때 삶의 활기를 찾고 숨 쉴 곳이 어디 없을까

우리의 정신이 있고 고향이 있는 황톳길 시골이 있습니다.
나무가 살기 좋은 곳
구름이 하얗게 모여 살기 좋은 곳
호수가 살기 좋고 맛있는 물이 고기를 강으로 청하여
편히 살기 좋은 곳
새와 동물이 서로 사이좋게 살기 좋은 곳

연녹색 사이로 파랗게 비쳐오는 하늘, 날아가는 구름 밑으로 어머니 품 같은 산자락을 돌아 황토 고갯마루에 올라서면 농부가 농사짓는 동리가 보인다. 그곳이 우리가 놀 곳이다. 여기 이러한 아름다운 소리와 재료를 캔버스에 적절하게 절제된 자기 목소리로 담는다. 고향의 봄, 여름, 가을, 겨울을….

바라는 바 없이 그려야 자유로울 수 있다

불가에서 흔히 하는 말에
바라는 바 없는 보시普施여야 한다고

바라는 바가 없어지면 마음이 평온해진다

잘 되기를 바라는 마음뿐

새들이 같은 나무에 머물지만, 그 방법은 다르다.
한 스승에게 배웠지만, 그 방법은 다르다.

숲이 왜 아름다운가.

다양한 종류의 나무들이
자기 자리를 지키고 서 있기 때문이다.

활엽이 있는가 하면
침엽이 있고
단풍드는 수종이 있는가 하면
상록수도 있다.

나무들은 자신의 모습을 지킬 뿐,
다른 나무를 따라가거나 흉내 내지 않는다.

숲은 왜 아름다운가.

저 다양한 종류의 나무들이
자기 자리를 지키고 서 있기 때문이다.

숲은 화가의 또 다른 거울이다.

대체로 보면
그림 그리는 일이 즐거워야 할 그들이
어려운 수학 문제를 앞에 놓고 고민하듯 하는 것을 보아옵니다.
누구나 그림을 잘 그려보려는 욕심은 큽니다.
그런데 어렵다고 생각하는 것은 어떤 이유에서일까요.
그림을 잘 그리기 위해서는 무엇보다
'보는 방법'을 잘 가져야 하며
그것은 새로워야 한다는 사실을 모르고 있는 것 같습니다.
사물을 보던 지금까지의 습관을 버리고
새로운 눈길로 관심해야 할 것입니다.
곧 새로운 관찰의 힘입니다.
관찰능력은 자신의 생활을 놀랍도록 풍요케 해 줍니다.
모든 꽃은 예술가의 관심을 자연으로 돌리게 하는
친절한 언어를 갖고 있음을 보더라도.

30

조선조 유학의 대학자 이시선李時善은
자시자비自是者非 순인자시詢人者是 라고

자기 스스로 옳다고 하는 이는 그릇된 법이요
모르는 것을 묻는 사람은 옳은 법이지.

일본 파나소닉의 창업자 마쓰시타 고노스케松下幸之助는
가난하고, 배우지 못하고, 약골로 태어나
항상 '묻는 자세'로 살았지.

건강을 묻고, 학식을 묻고, 부富를 물었어.

폴란드 출신 해리 리버만Harry Lieberman은
76세부터 그림 그리기 시작해서 100살 넘게 살았지.

그는 인생은 나이가 문제 아니라
바로 지금 내가 무엇을 할까 하는 게 중요하다고.

밤하늘의 별은 작아서
인간의 사랑을 받지요
아주 멀리 보일 듯 말 듯
작은 것들이 깜박깜박 비쳐 올 때
아름답지요
가령 별들이 점점 가까이 우리에게
다가선다고 합시다
얼마나 두려운 일입니까
별이 자기 자리에서 아름답듯
세상의 모든 것은 저마다 제자리에서
그만치 아름다운 것입니다

#
32

상상은 엉뚱한 데서 나오는 것이 아닙니다.
현실의 연장입니다.

많은 사람이 나무에 앉은 새를 그리려 하면서도
새 없는 나무에 새를 그려보려는 생각은
전혀 하지 않으니까요.

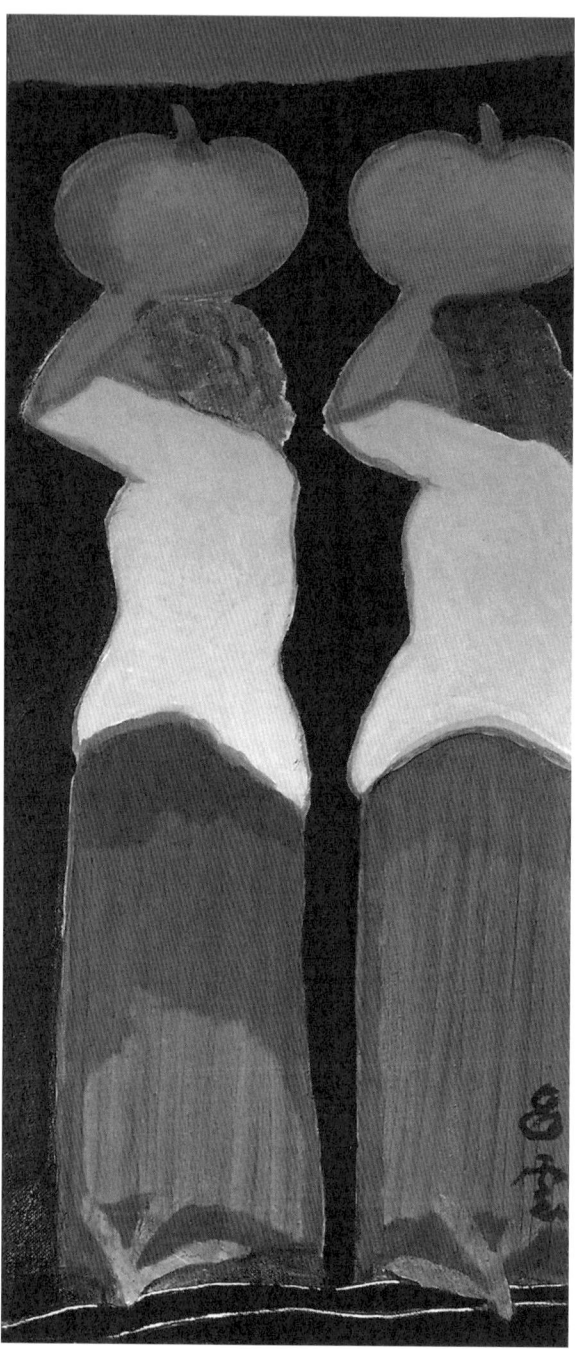

나는 학생들에게 그림을 배우기 위해
자연을 보라고 가르치기보다는
자연을 사랑하고 즐기기 위해
그림을 그리라고 가르치겠다.

풍경화가 회원들이 고집스럽게
자연을 찾는 이유가 어디에 있을까 생각해 본다.

그들은
'천석고황泉石膏肓'

명의도 고치기 힘들다는 불치병에 걸려서일 거다.

케이크를 앞에 놓고 둘레와 높이를 재며 먹는 사람은 없다.
그저 맛있게 먹으면 될 것이다.

그림을 그리는 일도 마찬가지다.

그림은 수학이 아닌데
비례에 지나치게 매달리는 것보다
제 생각을 자유롭게 풀어 놓으려는 마음이 더 중요하다.
그러면 그림을 보는 사람도 편안하게 함께 할 수 있으리라.

그림은 즐겁게 노는 것이다.

즐거운 식사이다.

야회 스케치 길에서 나는 꽃들을 많이 만납니다.
그중에서도 애기똥풀에 시선이 많이 갑니다.
얼굴이 작아서일까, 진한 노랑 색깔 때문일까….
애기똥풀은 봄에서 여름까지
늪지나 울타리 밑, 철둑 길, 논둑 등 주로 음습한 곳에 핍니다.

제비는 애기똥풀의 가지를 꺾어
노란 유황색 유액을 부리에 묻혀와
새끼 눈을 틔워 준다고 합니다.

예술의 들길에서 만난 저 눈부신 눈 뜸!
가장 낮은 자리만 골라 꽃을 피우다니
아픈 빛깔 속에 독을 품다니, 똥이 배설하는 독!
그것은 세속적인 것에 대한 경계일 터
그것은 또한 예술가의 길을 밝히는 상징과 다름없을 것입니다.

내 누군가의 어두운 눈에 애기똥 풀의 유액을 발라줄 수 있다면
아니, 누군가 나의 그림을 만나 밝게 눈을 뜬다면
나는 나의 붓끝에 신성한 그 독을 끝까지 바르렵니다.

#
36

자연의 실경을 그대로 그리지 않는 나에게
사람들은 왜 야외로 나왔느냐고 묻는다

그래서 나가는 것도 모르고 나더러 야외는 왜 나가느냐고 합니다

햇볕 따려고 나간다
물소리 맡으러 나간다
바람소리 주우러 나간다
나는 새 건지러 나간다
꽃향기 모으러 나간다
두엄 냄새 가지러 나간다

이 모든 것이 내 그림의 자양소가 되는 것도
남들은 모르는가 보다

무엇보다 내가 야외로 나가는 것은
사람 같은 사람 만나러 나간답니다

서울엔 이런 것이 없어 나가는 것도 모르고
남들은 나더러 야외는 왜 나가느냐고 묻습니다

그림은 어디로 내야 하는가……

해 질 녘 들일을 마치고 집으로 돌아가던 농부가 차를 세우고 과꽃을 그리고 있는 내 옆으로 다가선다.

    복사는 몇 장이나 하슈?
    - 복사라니요
    아니, 복사 말이요. 그럼 그냥 내는 거요?

약간 알 듯 말 듯 한 말을 농부가 건넨다.
이렇게 캔버스에 그리고 만다 하니 농부가 다시 물어온다.

    아니, 이렇게 두꺼운 걸 그냥 내요? 얇은 데에 복사도 하지
    않고 그대로 곧장 매장으로 낸다고요?
    - 매장?!

농부는 밭에서 거둔 농산물을 매장으로 내는데, 내 그림은 어디로 내야 하는가. 그림 그리기에만 정신을 쏟는다고는 하지만 눈뜨면 닥치는 현실의 높은 벽은 오늘도 어떻게 넘어야 할지, 부지런히 해는 떨어져 가는데.

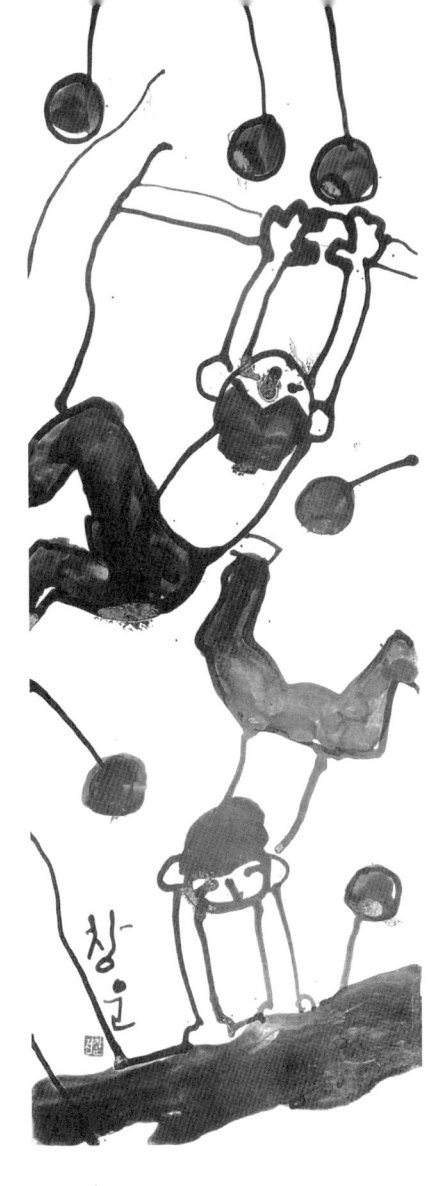

하루는 누군가가 샤갈에게 물었다.

" 선생님의 그림 속에는 사람이 하늘에 누워 있네요?
상식으로는 도무지 이해가 가지 않는 질문에 샤갈은 짤막하게

그래서 화가지요."

샤갈은 자신이 오래전부터 꿈꾸어 왔던 자유의 빛을 표현하려고 애썼다. '나의 광기가 환영을 받게 해다오. 그것이 내 속죄의 준비가 되게 하고, 형식이 아닌 내용의 혁명이 되게 해다오' 샤갈은 형식주의라는 틀을 '벌거벗은 그리스도 옆에서 화려하게 옷을 입고 있는 로마 교황'과 같은 것으로 비유했다. 그의 자유로운 정신은 자신의 그림 속에 시로 잘 표현되고 있다.

화가는 본질적으로 '시인'일는지도 모른다. 문학이 언어를 전달 매체로 하여 창작자의 세계를 구사한다면, 그림은 작가의 생활 속의 감정을 점, 선, 형태, 색채 등에 의해 자신의 조형언어로 형상화한다. 그러나 이들의 궁극적 창작 과정은 유사하여 다 같이 감상자에게 무엇인가 메시지를 전한다. 다만 그림 쪽은 직관으로, 문학 쪽은 경험적 시간성을 수반하고 있

지만, 이들은 모두 상상력을 통해 인간 정신을 자유롭게 해방하고 있다. 나는 몇 해 전부터 캐나다 출신인 존 G. 로버트 존과 그의 부인 클라라와 교분을 맺어오고 있다. 최근 그의 사무실에 그림 한 점을 걸어 주었다. 그날 저녁 그의 몇몇 친구와 함께 저녁으로 준비된 연어고기를 맛있게 먹었다. 그 자리에서 존은 그림의 실용성에 대해 나에게 말을 건네는 것이었다.

실용성?

예술작품의 향유에 있어서 실용성 여부에 관심이 큰 것은 화가가 아닌 그로서는 당연하다. 이 이야기를 듣고 있던 부인 클라라가 남편의 말을 잡아채기라도 하듯 재미난 일화를 들려줘 그 자리에 있던 사람들이 배꼽을 잡고 웃었다.

한국에 3년째 거주하고 있던 존의 절친한 친구 두 사람이 존을 만나러 캐나다로부터 한국을 방문하게 되었다. 한 친구의 이름은 제프리 스포딩으로, 캐나다에서 유명한 미술 평론가이자 비구상 작가로 알려진 사람이다. 또 한 친구는 스텝 스마트로 토론토 제1의 변호사협회 고문변호사다. 그 역시 미술 평론가로, 특히 비구상 분야에 평론을 출판하고 변호사 협회에서 구매하는 모든 미술작품의 관리 및 전시 등을 담당하고 있다. 그는 재정적으로 여유 있는 협회의 자금을 잘 활용하여 젊은 작가 발굴과 지원을 적극적으로 하여 미술과 미술인을 사랑하는 후원자로 존경을 받는 사람이다.

두 친구와 존은 전국 관광을 하기로 하고 서울을 출발, 이곳저곳을 둘러보고 대구에 도착하였는데, 그날은 비가 몹시 내리고 있었다. 세 사람은 목적지인 경주로 가기 위해 차편을 알아보려 했으나 폭우 속에 어떤 택시도 선뜻 가려 하지 않았다.

한 시간 정도 끈 끝에 겁 없기로 잘 알려진 총알택시 운전사를 만나게 되었다. 앞이 안 보이는 폭우 속을 130㎞ 속도로 언덕을 오르고 내리며 모퉁이를 돌아 달리는 택시 안에서 세 남자는 난생처음 무섭다는 말을 실감했다. 어찌나 놀랐던지 눈을 꼭 감고 밑바닥에 납작 엎드려 남에게는 차마 얘기하기 거북하나 오줌을 지렸다. 그런 속에서도 운이 따랐던지 세 사람은 살아서 경주에 도착할 수 있었다.

흐릿한 오후, 불국사 경내와 주변을 에워싸고 있는 자욱한 안개, 그 뒤로 한 겹 두 겹 또다시 펼쳐 나가며 끝이 아스라이 지워져 가는 구름을 보며 스포딩은 자신이 그림으로만 보아왔던 동양화, 그 속에 마치 꿈을 꾸듯 서 있다는 환상을 경험하였다고 한다. 잠시 사이를 두고 또다시 쏟아지기 시작하는 비를 맞으며 백팔 계단을 올라 불국사 뒷담을 따라 굽이굽이 늘어선 선 아래 다시 부드러운 자연의 곡선이 이어지는 기와지붕들의 우아함에 스마트는 존의 어깨를 감싸 안으며 "존! 날 여기 데려와 주어 고맙네! 아마 이 장면은 오래 기억될 것 같아!" 그리고는 세 사람은 토함산에 올랐다. 그곳 석굴암에서 그는 황홀한 미소를 보았다고 한다. 폭우에 속옷까지 다 젖었지만, 또 한참을 그렇게들 서 있어야 했다고 한다. 택시가 기다리고 있는 토함산 아래로 내려왔을 때는 젖은 옷과 추위로 턱이 열리지 않았다. 존이 그간 한국에 살며 몇 마디 배운 한국말로 언

입을 중얼거리며 "아저씨, 공항 부탁합니다." 하니 택시 운전사가 폭우로 인한 항공기 결항 사실을 알려 주었다. 그렇다면 기차를 타고 서울로 돌아가자는 판단에 기차역을 얘기하려니 갑자기 기차역을 한국말로 뭐라 말해야 할지 도무지 생각이 나지 않아 존이 우물쭈물 머뭇거리니 캐나다 친구가 존에게 말했다.

   너는 한국 생활 3년에 그 정도 현지 언어 표현도 안 된다니
   한심하다! 너를 믿고 우리가 어찌 여기까지 따라왔던가!

조금 전 토함산 위에서의 감격은 까맣게 잊고 존에게 장난기 어린 비난을 하기 시작하였다. 화가들이란 실용성이 별로 없다고 평소 존의 핀잔을 받아 왔던 스포딩이 기지를 발휘하여 미소 띤 얼굴로 말했다.

   그렇다면 내가 그림으로라도 기차와 기차역을 그려
   택시 운전사에게 보일 수밖에 없지!

스포딩이 종이와 펜을 꺼내 들자, 평소 구상미술에 대해 낮은 평가를 해 오던 스마트가 다급히 다가와,

   스포딩, 너 기차와 기차역을 비구상으로 그리면 절대 안 돼.
   알았지! 구상이야! 구상! 구상으로 정확히 그려, 응!

헤이 택시! 이 근처에서 싼 호텔로 갑시다!

택시 기사는 음악을 들려주겠다며 선곡을 부탁했다.

클래식?
세미?
록?

"애주 라이크"라고 하니 로큰롤을 가볍게 들려주며 어디엔가 전화를 건다. 눈치로 보아 내가 찾는 호텔을 알아보는 것 같다. 택시는 가로수의 축축한 그림자를 밟으며 십여 분을 달려 좁은 길로 접어든다. 중세식 건물들이 있는 골목을 돌아 어느 3층 건물 앞에 차를 세운다. 택시 기사는 나에게 내리지 말고 차에서 기다리라고 하고는 건물 안으로 뛰어든다. 잠시 뒤에 나온 그는 "아이 미스테이크, 아임 싸리" 하며 손을 저으며 차에 오른다. 빈방이 없다는 것이다. 택시 기사는 다시 어딘가에 전화를 걸면서 연신 나에게 미안한 표정을 건넨다. 자신의 잘못으로 호텔을 못 구했으니 여기까지의 요금은 내시 말라는 것이다. 이 얼마나 놀라운 일인가! 갑자기 멍해진 나를 진정이나 시키려는 듯 로큰롤 음악을 더욱 경쾌하게 울려댄다.

나는 택시 기사의 친절한 서비스에 처음 출발부터의 요금에다 팁도 후하게 얹어 주었다. 브뤼셀에서 있었던 한 기분 좋은 택시 기사와의 만남이다. 오래된 일이기도 하지만 지금도 나는 그를 '베스트 드라이버'로 잊을 수가 없다.

비구比丘란 비구니나 걸인이란 뜻이라니 그것은 곧 구걸하는 사람이다. 위로는 부처님께 법을 구하고 아래로는 중생들에게 먹을 것을 구하여 회향 공덕하고 참 보시 하는 것이다. 걸인이 되려고 절로 가는 이는 과연 어떤 사람인가.

성서에 보면 "가브리엘 천사가 마리아께 나타나 성령이 임하여 아이를 낳을 것이니 이름을 예수라 하여라"라고 말하자, 마리아는 "나는 주님의 종이오니 뜻대로 하소서"라고 한다. 이때 마리아가 말하는 종은 또 어떤 종일까? 라틴어의 serva는 종이란 뜻이다. 이 serva에서 servant → service로 이어지는 말이 나오지 않았나. 진정 충실한 마음으로 노예나 하인처럼 자신을 낮추고 주인을 모시며 걸인적인 자세로 임할 때 진정한 서비스가 되는 것이 아니겠는지.

옛 중국 주무왕周武王의 동생 주공周公이 자신을 찾아온 손님을 맞이할 때 먹던 음식을 손에 뱉고, 감던 머리를 거머쥐고 곧바로 맞이한 것, '토악지로 토포악발吐握之勞 吐哺握髮'은 놀라운 서비스의 모습이다.

영국의 레이놀즈는 어린 소녀가 무릎을 꿇고 두 손을 모아 기도하는 그림으로 세인에게 서비스하고 있다. 남모르게 기도해 주는 것이 참 아름다움이라면 기도하는 소녀의 모습을 통해 레이놀즈의 아름다운 서비스 마음은 오늘도 우리 곁에서 숨 쉬고 있다. 또한 자기의 직업을 천직으로 알았던 '노트르담의 꼽추'는 19세기 말 건축가 비올레 르 뒤크Violet-Le-Duc가 설계한 교회 건축에서 갸르구이Gargouille의 조각상으로 남아 지금도 세상에 사랑의 메아리를 서비스하고 있는 것이다.

바람이 없는 세상은 얼마나 적막하고 무서운가. 차향을 그리워하는 사람이 좋은 샘을 찾아 살 듯 우리 모두는 아름다운 서비스 바람을 일으켜 기분 좋은 세상으로 만들어 나가야겠다. 가정에서도, 그림에서도, 내 생의 베스트 드라이버가 되어야겠다고 다짐해 본다.

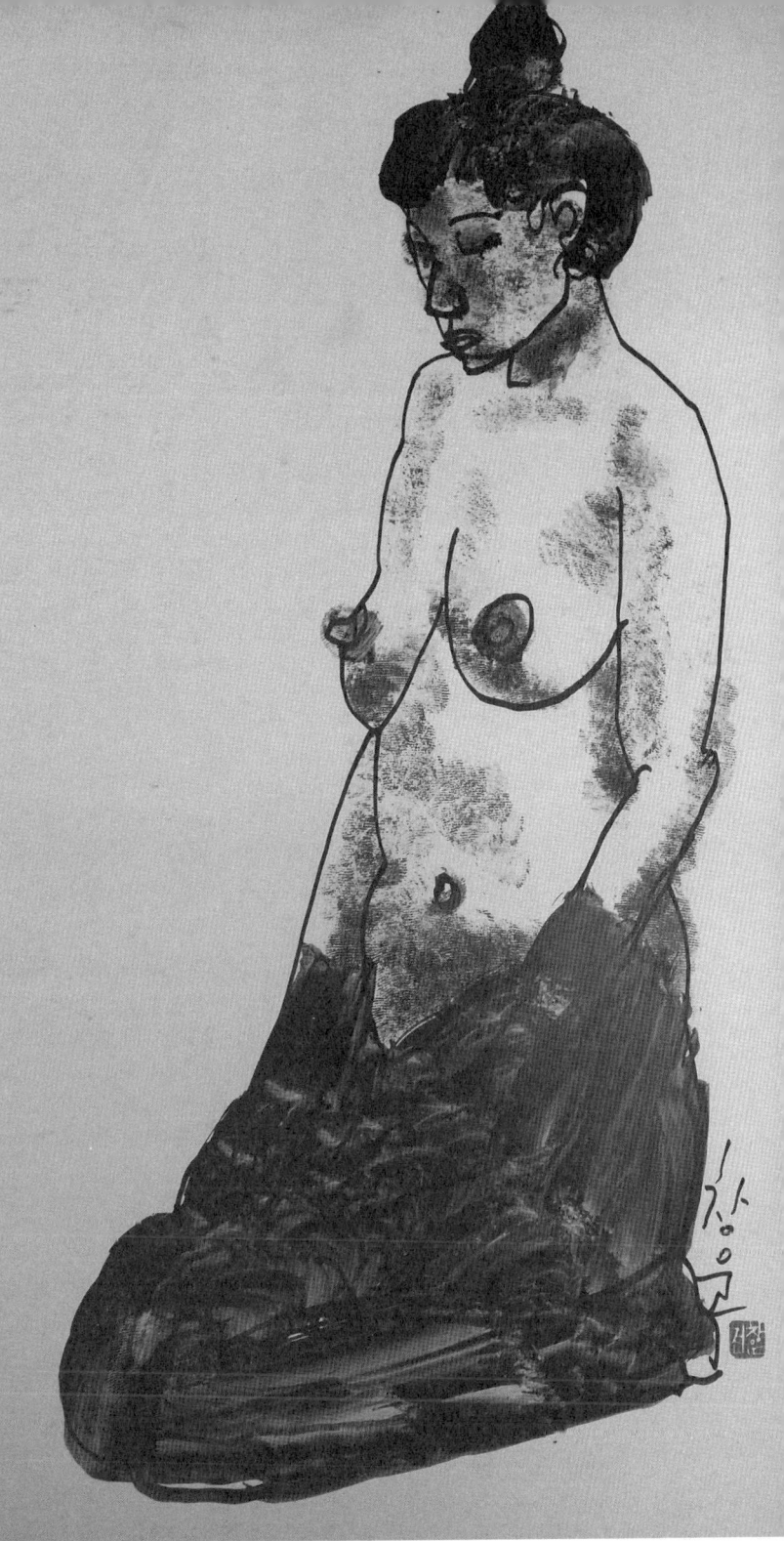

지하철이 생기면서 새로운 풍속도가 나의 마음을 머무르게 한다.

요즘처럼 자동차가 많은 세상엔 사람이 사는 건지 자동차가 사는 건지 도무지 분간이 안 간다. 이럴 때마다 자동차를 저 넓은 사막으로 날려 보내고도 싶지만, 다행히도 지하철이란 게 생겨 여간 편리한 게 아니다.

약속이나 결혼식 등 시간에 맞춰 가야 하는 경우에 택시나 자동차로 움직이면 실례하기에 십상이지만 지하철을 이용하면 여유로운 마음으로 시간에 닿을 수가 있어 좋다. 이런 이유에서만이 아니라 지하철은 목적지를 겨냥한 출발이라는 건조한 자동차의 행보와는 여러 가지가 다르다. 지하철을 이용한다는 것은 내게 있어 땅에 떨어진 밤 줍기다. 힘들이지 않고 쉽게 많은 것을 얻을 수 있는 생산적 공간이란 점이다.

다급한 경우, 지하철이 달리는 방향으로 뛰면 바쁜 마음을 가라앉힐 수도 있으리라. 운 좋게 빈 자리가 나서 앉기라도 하면 책이나 신문을 읽는 즐거움으로 차오르고, 눈이라도 지그시 감으면 어느새 지하철은 내 마음을 달려가는 낭만으로 차오르게 한다. 어디 그뿐인가. 삶의 향기와 이웃의 눈동자를 보면서 '우리'라는 공동체로 나를 안내하는 곳도 바로 지하철이다. 또한 마치 벗기 시합이라도 하듯 드러낸 여인들의 몸차림에서 나의 작은 눈이 시원히 열리는 것도 바로 지하철에서 얻는 소득이다.

생활의 많은 편익을 주는 지하철이 생겨나면서 새롭게 등장한 것이 하나 있다. 바로 맹인들의 행렬이다. 좁은 길을 더듬어 가는 어려움도 없이 달리는 지하철을 직선으로 오가며 삶의 끈을 이어가는 맹인들은 과연 우리에게 어떤 메시지를 주는 것인가. 그들은 복잡한 러시아워를 피해 지하철 안을 오가고 있다. 새들이 하늘을 날아가듯이 그들은 여유로운 공간을 흐르며 우리에게 무슨 소리를 들려주고 있는 것이다. 그들은 눈뜬 자들과 '함께 하려고' 즐거움을 공유하려는 몸짓으로 다가서고 있는 것이다.

오래전 내가 처음 인도를 찾았을 때 나는 오랑가바드에서 북부지방으로 향하는 기차를 타기 위해 역으로 나섰다. 기차역엔 피난 열차와도 같이 많은 사람으로 들끓고 있었다. 그때 인파를 뚫고 지나가는 한 행렬이 눈앞에 들어왔다. 맹인들이다. 맹인 일곱 사람이 서로 앞사람의 옷을 잡고 지팡이로 땅을 더듬으며 인파를 가르고 어디론가 걸어가고 있었다. 그들은 각각 흰 지팡이를 들고 있었다. 사람과 지팡이는 모두 열 넷이었다. 그러나 움직임은 하나. 서로를 믿고 의지하며 '하나'가 되어 흐르던 광경을 나는 아직도 뇌리에서 지울 수가 없다. 많은 사람이 서로 먼저 기차에 오르려는 혼란의 아우성이었지만 '하나' 되어 질서 있게 걸어가던 그 맹인들은 우리 앞에 큰 성자의 모습으로 비쳐 보였다. 그것은 앞을 진단하는 도구 이상의 메시지를 우리에게 주고 있는 것이 아닌가.

인생은 여행이라고 한다. 그 여행은 짧을 수도, 혹은 먼 길일 수도 있다. 어떤 여행을 해야 즐거운 여행이 될까. 예수님도 열두 제자를 파견하시면서 이르기를 여행하는 데 지팡이 외엔 아무것도 가지지 말라고 하지 않으셨던가.

맹인! 그들은 단지 가난하다는 이유에서 오늘도 지하철 안을 오가고 있지만 지팡이를 통해 물욕을 삼가고 깨끗한 양심으로 살라고 우리들의 마음을 조용히 노크하고 있는 것이라고!

속물근성에 비틀거리는 눈뜬 자들이여, 당신은 아직도 지팡이를 구하지 못 했느냐고 오늘도 그들은 묻고 있다. 지팡이를 짚고 공空의 세계로 나아가라는 맹인의 하모니카 소리는 오늘도 달리는 지하철 안으로 가득히 퍼져 나가고 있다.

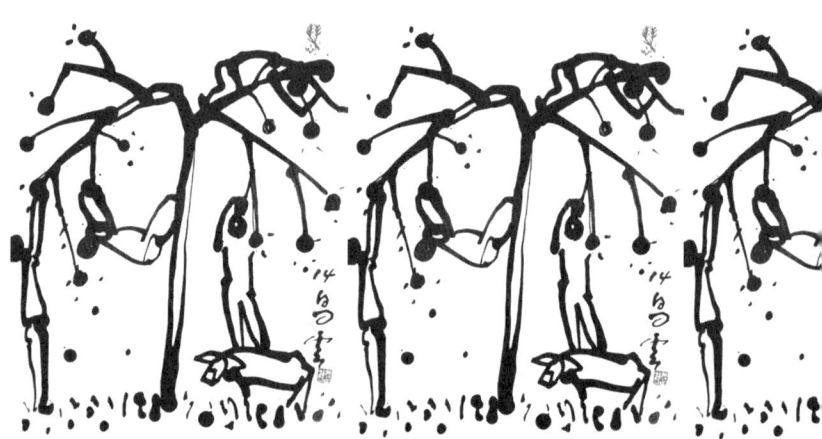

누드크로키 등 그림을 조금 그려오는 사람 중에서 내게 자주 물어오는 질문이 있다.

    선생님, 어떻게 하면 그림을 빨리 잘 그릴 수 있나요?

내게 처방이 없을 리 없다.

    그림을 빨리 잘 그리게 되려면
    그림을 빨리 잘 그려야지 하는 마음을 날려 보내면 된다.

내가 미술 대학에 들어가 교수님의 얼굴 보기가 쉽지 않을 때다. 어쩌다 운 좋게 장욱진 선생님이 실기실 안으로 들어오시어 내 그림 옆을 지나신다. 용기를 내서 "교수님! 제 그림 좀 보시고 말씀 좀 해주세요." 하면 "에끼 이 녀석아, 그림은 혼자 그리는 거지!" 하고 구부정 뒷짐을 짚고 나가시던 장욱진 교수가 생각났다.

나에게 그림 수업을 받았던 K 씨를 오랜만에 만났다. 제가 요즘 이렇게 제 그림을 그릴 수 있는 게 다 선생님 덕분이란다. 선생님 그림 따르지 말고 자기대로 그리라고 힘주어 말씀하신 덕에 저 자신의 그림으로 자리 잡아 그려가게 되었다고…. 순간 나는 K 씨 앞에 당당하게 설 수 있었다.

#
42

화법부정법 서법부정법 畵法不定法 書法不定法

그리고 쓰는 일에 어디 정해진 법이 있을 수 있겠는가

절대자유 존중

개성 존중

모두가 다른 그림

#
43

사람은 건너편 풍경에 익숙하다.
높은 데 올라 서 내려다보기 좋아한다.

나는 '안 홍대弘大'를 나왔기 때문에 건너편 홍대에 편한 편이다. 그것은 나의 고교 2학년 때부터이니 꽤 오래된 세월이다. 홍대 주최 '전국 남녀 실기 대회'에 나가 성남 촌놈이 수채화 큰 상을 받은 인연이 그것이다. 하얀 5, 6층 건물, 그 옆으로 미군 퀀셋Quonset 하나, 잡풀이 무성한 사이사이에 쪼다만 돌덩어리가 여기저기 뒹굴고, 앞 운동장 좌측 멀리 큰 건물의 높다란 굴뚝에서 흰 연기를 뿜어내던 것이 홍대에서 내려다본 풍경이다. 붓 두 자루와 팔레트, 화판뿐 야외용 이젤이 없어 창피한 생각도 들었다. 많은 학생이 바깥 풍경에 자리 잡고 그려가는 중에 나는 수줍어 건물 안으로 들어가 아무도 없는 1층에서 2층으로 꺾어 오르는 계단을 그렸다. 그것이 그만 다른 학생들의 그림과는 퍽 다른 구도에서 큰 상을 받게 되었나 싶다.

남다른 시선!

부끄러움이 나의 남다른 작품을 완성케 해주었다.

인생은 단短 십十 백百

인생에 존경하는 선생님 한 분
좋은 친구가 열 명
감명 깊게 읽은 책이 백 권

그는 참 행복한 사람이다

\#
45

나는 파미르 고원을 넘어 카라코람 하이웨이를 내려가며 물을 보았다.
작은 물빛 한 점이 산 전체의 풍경을 더욱 아름답게 하고 있었다.

아름다움이란
이런 어울림과 아우름이던가.
산은 하늘이 주는 천상수를 인간에게 흘러 내려준다.

#46

남상濫觴

세상 만물의 근원
술잔에 넘친 물 한 방울이 장강長江을 이룬다

#
47

새로운 것에 대한 동경
떠나고 싶은 욕망은 갈증과 허기에서 나온다.

왕자의 신분이었으나, 사대문 밖을 돌아본 뒤 인생 여정을 바꾼 부처
중남미 여행을 통해 의학도에서 혁명가로 바뀐 체 게바라
탈레스와 피타고라스는 이집트, 바빌로니아 기행을 통해 진리의 눈을 뜬다.
공자가 천하를 주유周遊한 것도 이 때문이다.

7세기 현장
9세기 신라인 혜초
13세기 말 마르코 폴로
14세기 이븐 바투타
15세기 초 명나라 정화
15세기 말 콜럼버스

[이경교]

#
48

創傷창상

예리한 칼날에 베이는
아픔을 통해 새로움이 탄생된다.

藝예

埶예 나무를 심다 + 芸운 김매다
나무를 심고 잘 가꾸는 정성이 필요하다.

#
49

성철 스님은 부처님을 따르기 위해
어머니가 절 근처에 오시지 못하도록 돌맹이를 던졌다.

불행방초로 不行芳草路 난지낙화촌 難至洛花村

우거신 풀숲을 걷지 않으면, 아름다운 꽃 지는 마을에 닿기 어렵다.
그림, 예술의 길이 그러하다.

사과나무 밑에서

딸에게만 준다는 가을볕도 올가을 따라 며느리까지 불러내는 걸 보면
심상찮다.
장독대에 널려있는 빠알간 고추가 가을볕을 꼭 껴안고 있다.
그냥 흘려보내는 볕이 여간 안타깝지 않다.
고운 백자 항아리에 가득 담아 겨울 어머니 산소에 드리면 얼마나
좋아하실까.
가을볕은 산꼭대기에서 내려와 단풍잎에서 잠든다.

단풍은 빛깔인가 아픔인가.

빛깔로 살다 아픔으로 죽어가는 단풍에서 인생을 본다.
울긋불긋 단풍을 닮은 차림으로 놀러 가는 인간을 보면 단풍에 문병
가는 길이란 생각이 든다. 나이 탓일까….

가을볕은 화가에게도 화구를 챙기게 한다.
흙을 찾아 장호원을 찾는다. 장호원이 복사골이란 얘기를 많이 들었는

데, 마침 찾아간 곳이 사과가 가을 하늘 아래 탐스럽게 익어가는 과수원이었다. 주렁주렁 매달린 사과는 영락없는 개구쟁이 꼬마의 얼굴이다. 녀석들은 화가의 마음이라도 살 것처럼 나무 위에 올라 재롱떨 준비를 한다.

미처 오르지 못한 녀석은 뒹구는 낙과로 내 발치에 매달린다. 하늘을 향해 선 녀석은 몇 안 되고 모두 가지에 매달려 벌써부터 흔들 준비다. 팔을 길게 늘어뜨린 녀석, 짧게 늘어뜨린 녀석, 한결같이 거꾸로 매달린 외팔둥이다. 짱구, 돼지, 당나귀, 대갈망치 등 별의별 별명을 가진 옛 고향 동무들이 모두 모여 나를 반갑게 맞아준다. 머리가 드문드문 빠졌던 기계총이란 별명의 임석이를 닮은 녀석도 보인다.

사과나무 밑에 멍석자리 깔아놓고 점심참으로 나온 주인아주머니의 정성스러운 밥상. 콩을 드문드문 얹은 가마솥 밥을 한 숟가락 떠서 호박잎에 얹고 풋고추와 마늘을 막된장에 발라 먹으니 구수한 청국장이 자기도 끼어달라는 눈치다.

선경仙境이 따로 있고 행복이 멀리 있겠는가. 좋은 그림도 그리고, 저녁까지 먹고 가라는 과수원집 아주머니의 훈훈한 마음에 옛 우리네 인심을 새롭게 떠올려 보기도 한다. 가을 햇살, 옛 고향 동무, 훈훈한 인심이 나를 에워싼다. 사과 맛은 단지 사과에만 있지 않았다.

미래의 희망은 사랑이란다. 자연을 닮아 사는 것도, 나무를 심고 가꾸는 일도 모두 사랑이 아닌가. 자연의 본질을 알아주며, 사람의 심성을 가슴에 담은 싹을 틔워, 모두에게 되돌리는 시나 그림이 사랑이란 걸 사과나무 밑에서 배운다. 사과를 닮은 아이처럼 살라고 말이다. 오늘 내게 사과는 사랑의 다른 언어다. 사과를 닮은 어린 아이로 살아가라는.

51

인생은 만년에 이르러서 많은 후회를 한다고 한다. 살아오면서 좀 더 많은 것을 베풀고 용서하며 여행을 많이 못 한 것을 아쉬워한다고 한다.

광활한 사막을 기차고 달려본다든가, 비행기를 타고 사막 위를 날아 여행을 한다든가, 오아시스 마을을 관광한다든가 하는 것은 상상만 해도 환상적이 아닐 수 없다. 바로 이런 것을 맛볼 수 있는 것이 실크로드 여행이다.

험난한 길을 구도자의 자세로 걸어보며 거기서 옛 실크로드 사람들의 모험과 고행을 함께 해보고, 무엇보다도 척박한 자연조건 속에서 삶의 터전을 일구어 가는 그곳 사람들의 모습을 살펴 볼 수 있다. 그 여정은 걷는 여행으로부터 귀로 듣는 여행과 눈으로 보는 여행까지 모두 맛볼 수 있는 기회이기도 하다. 천산의 하얀 연봉 밑으로 얼음 댐 녹은 물이 배양이 부 숲을 돌아 오아시스 마을을 축축이 적시고 있는 곳이다. 낙타의 종소리는 사막의 열풍 속에서 더욱 깊이민 가고 눈부시게 쏟아지는 햇살 사이로 위구르 여인의 원색 원피스는 몸의 곡선을 따라 시원히 나부끼고 있다.

사막이 쉬는 밤이 오면 온종일 인생을 나르던 나귀도 주인과 함께 그들의 흙집에서 편히 밤을 맞는다. 소금 덩어리로 만든 그릇에 양고기를 담아 먹는 염호를 지나 험상한 흉상을 드러낸 개골악산을 몇 번이고 돌아서면 호양나무 방풍림이 들어차 있는 호양하胡揚河의 강물이 강풍에 날아다니고 있다. 비하飛河다.

옛 톈산남로天山南路의 중요 지점이었던 투루판으로 차를 달릴 때는 거대한 깔때기 속으로 한없이 들어가는 느낌이다. 해발 154m, 사해 다음으로 낮은 분지다. 매년 16mm의 강우량에 비교해 증발되는 수량이 3,000mm나 되며 여름 평균 45도, 땅 온도 82도나 된다 하니, 빵을 모래에서 구울 정도로 몹시 더운 지역이다. 그러나 습기가 없어 그늘로 들어가면 선글라스를 낀 얼굴은 시원하기까지 하다.

먼 천산에서 흐르는 물의 증발을 막기 위해 칼정이라는 사막의 지하수로를 만들어 오아시스 마을을 만들고, 당도 높은 포도와 면화를 생산하고 있다. 언덕 위의 흙벽돌 건조장에선 녹색 진주의 파란 건포도가 익어가고 있다. 어둠이 깔린 포도나무 터널 거리를 나귀 수레에 실려 야시장으로 가면 양고기 굽는 연기가 시원한 맥주를 청하는 낭만을 만날 수 있다. '포도 반찬'이란 말도 이곳 투루판에서 들을 수 있다. 위구르 사람들은 2천 년 전부터 칼정을 만들어 왔으며 현재에도 1천 5백 개가 있다. 그 길이만도 5,000km에 달한다고 하니 지하의 만리장성이라고 해도 좋을 것이다. 군데군데 수직굴을 파 내려가 밑에서 옆으로 굴을 연결하는 이른바 두더지 공법으로 만든 칼정에서 그들이 생존을 위해 끊임없이 투쟁했던 흔적을 엿볼 수 있다.

투루판에서 얼마 멀지 않은 곳에는 화염산이 있고, 베제클리크 천불동을 돌아 나오면 사막에 옛 고창국 사람들의 지하 공동묘지인 아스타나 고묘군이 있다. 이는 7~8세기까지 한족의 가족묘지로서 현재 5백기 정도가 남아 있다. 이들 중 216호 고분을 따라 들어가면 길이 4m의 현실 한 벽면에 6폭 병풍식 묘실 벽화가 사람들의 눈길을 끌어당긴다. 이 벽화는 병풍식 그림으로 되어 있어 자연히 위아래가 긴 화폭에 그려 있는데, 오른쪽 첫 번째 그림은 돈이 중요한 물질이라 그랬는지, 돈 통을 먼저 그리고 그 밑으로 비단 헝겊과 풀 한 다발을 그려 놓았다.

다음으론, 근심에 찬 노인을 앉히고 옆으로 입을 조금 벌린 석인石人과 헝겊으로 입을 세 번씩이나 감은 금인金人을, 그리고 옥인玉人의 모습을 좌정한 노인상으로 표현하고 있다. 마지막 여섯 번째 그림은 좌우로 된 중심대에 꽂혀 있는 종 모양을 그리고 있는데, 그것도 바로 세운 것이 아니라 거꾸로 세운 종 모양의 그림이다.

이들 그림은 당시 과거를 보러 떠나는 한 서생에게 그의 친구가 준 것이라 하나 자세히는 알 수 없고, 그림의 내용으로 보아 인간의 윤리의식을 강조한 그림이란 느낌이 든다.

인생이 살아가면서 문욕門慾을 억제하고 많은 사람과 좋은 연緣을 엮어 이웃을 사랑으로 마주하며, 침묵은 금이니 말을 아끼고 자기의 주장을 내세울 때는 소신과 주관을 가지고 그릇됨을 바로 할 수 있도록 해야 한다는 것이 아닌가. 자기 수양, 과신과 과욕을 버리고 항상 중용을 지켜나가는 사람이 되라는 내용이다.

아침 일찍 일어나 정직한 마음으로 하루를 열심히 살려는 우리 모두의 삶이 이 그림의 내용에 있는 듯하다. 권력과 물질과 전쟁으로 파괴되어 가는 오늘의 세상 앞에 이 그림을 사막의 모래바람에 날려 지구촌 가정의 벽에 걸어 주고 싶다. 진정 명화를 넘어선 마음의 명화로 걸어주고 싶다. 모든 가정의 가훈도 이것 이상 없을 것이다.

얼마 전, 다섯 번째로 다녀온 실크로드는 진정 세상을 떠나는 '병자의 눈'으로 담아온 소중하고도 귀중한 심화心畵였다.

52

> " 그분은 늘 내 앞에 계시는 고마운 분이다.
> 지등紙燈을 밝히고
> 밤새 자식을 기다리던 아버지와 같은 분,
> 무서운 꿈을 꿀 때 꼭 안아 주시던 인자한 어머니의 품이다.
> 조용히 불러 심상을 일으켜 구체적인 형상으로 앉히는 풀밭.
> 길을 열어 주어 걸어가게 하고, 닫힌 문 앞에선 다시 열어 주시는
> 고마운 안내자.
> 긁고, 째고, 비벼대도 화내거나 짜증 내지 않는 보금자리.
> 무엇보다도 당신의 살을 덜어 나를 채워 주시는 거룩한 성자.
> 모든 소리를 담는 콘트라베이스이고
> 사상을 일으켜 발전케 하는 모태母胎다.
> 팔레트다.
> 아내가 손빨래할 때면 나는 팔레트로 달려갔다."

19세기 끝 무렵 많은 인상파 화가들과는 달리 일딴 자기의 길을 걸었던 툴루즈 로트레크Henri de Toulouse Lautrec는 귀족 출신으로 14살 때 의자에서 넘어져 다리를 다치는 불운으로 화가의 길을 걷게 된다. 세기말의 퇴폐성

에 새로운 미적 동기를 일으키는 데카당스 분위기 속에서 로트레크는 20살이 되면서 환락가 밤의 여인을 찾아 그들의 고단한 내면적 삶을 그리는 데 정열을 바친다.

드가에게서 익힌 데생과 고흐적 열정은 그의 작품에서 잘 나타나고 있다. 마음의 위안처로 삼았던 밤의 여인과 술은 그를 환각 증세로 몰아갔고, 마침내 37살의 젊은 나이로 생을 마감하게 된다. 명문가 출신인 아들의 환락가 출입을 용서하지 않은 아버지와 달리 어머니는 아들의 예술적 재능을 굳게 믿어 성원한다. 특히, 이 세상의 모든 어머니가 그렇듯이 로트레크의 어머니는 프렌치캉캉 춤의 물랭루주 희미한 조명 아래에서 그림에 몰두해 있을 아들을 찾아 몰래 엿본다.

물기 있는 팔레트!
그것은 어머니를 기쁘게 하는 큰 힘이요, 아들에게 바라는 전부였다.

촉촉한 대지가 생명의 싹을 틔우고, 맑은 피를 공급하는 심장이 산소를 기다리듯 팔레트는 물기를 그리워하고 산다. 진정 축축한 생산자와 함께 팔레트는 오늘도 물기로 살고 싶은 것. 팔레트 위에서 춤을 추는 광대가 화가라면, 그의 몸짓은 팔레트의 물기가 조율해 주는 것이 아닌가.

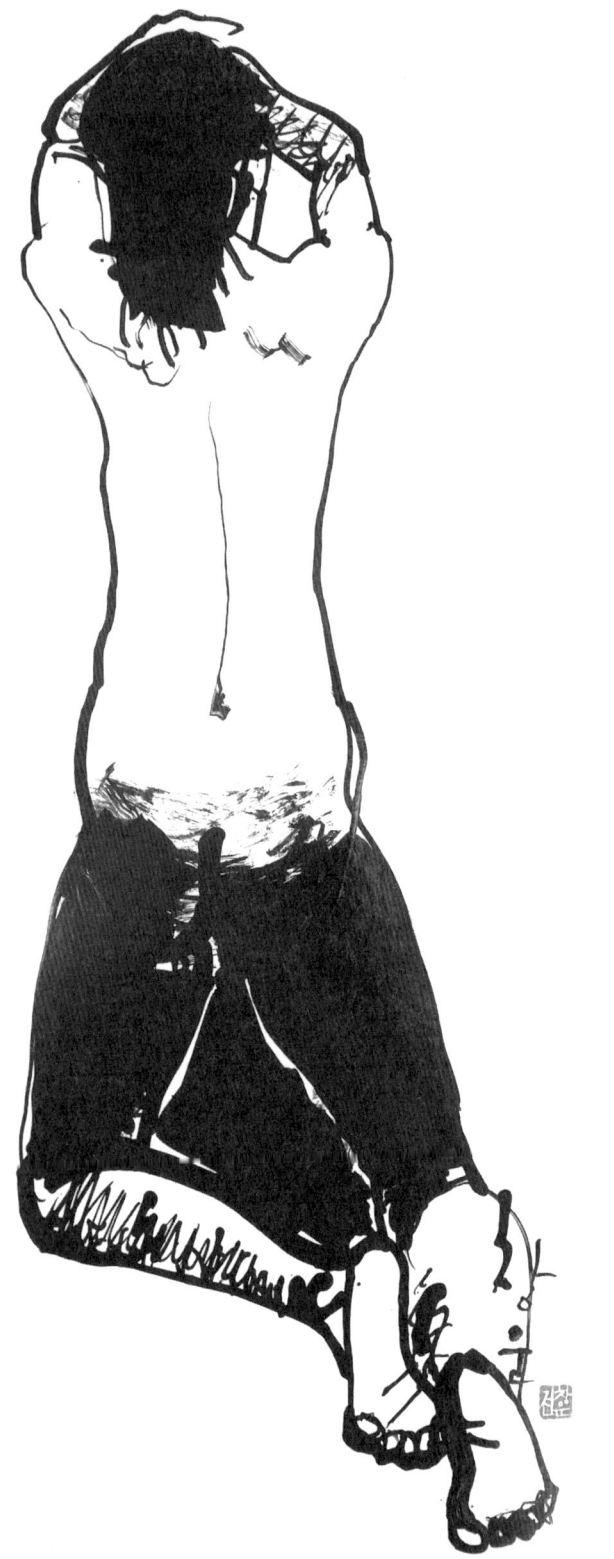

파리의 명소 몽마르트르의 물랭루주에는 오늘도 로트레크의 예술혼이 빨간 풍차를 돌리고 있다.

새벽 5시 컴컴한 2층 복도 구두 발소리, 금속이 닿는 소리, 화실 문이 열리고 불이 켜진다. 밤을 지나온 아이들이 하나둘 깨어나 내 품에 안긴다. 또다시 옥동자에 입힐 고운 색이 팔레트에 앉혀지면 화가의 하루는 시작된다.

해와 달을 그리는 아이들의 마음은 무슨 색일까.

아이들은 그림 그리기를 좋아한다. 엄마, 아빠, 예쁜 동생 그리고 꽃, 나비, 놀이터 등 아이들은 자기들의 생활 이야기를 꿈처럼 그려간다. 특히 엄마의 얼굴을 크게 그려갈 때의 아이를 보면 활기차고 자신감이 넘쳐 보여, 보는 이의 마음을 즐겁게 해 준다. 예쁜 동생을 그릴 때는 고운 크레파스 색을 고르느라 몇 번씩 몸짓하기도 한다.

파란 하늘을 나는 종달새, 해님 얼굴을 향해 웃는 꽃, 노랑 병아리의 아장걸음, 미끄럼틀의 아이들 모두는 생명이 숨 쉬는 현장에 우리를 있게 한다. 티 없이 맑고 깨끗한 그들의 모습처럼 크레파스 그림에서도 맑은 수채화, 순박한 물기를 보게 된다.

보라 꽃잎에 분홍 반달을 넣어 해님 곁에 잠든 아이, 한 뼘만큼 벌린 고기 입으로 만선을 이룬 배가 들어가고, 뒤를 따라 잔고기들도 들어간다. 아무것도 보이지 않는 캄캄한 밤, 밤기차를 그리는 아이는 검정색만 칠한다.

아름다운 행복을 미친 듯 그려가는 아이들의 눈과 마음은 어떤 색일까.

서쪽 하늘에 걸린 무지개색일까, 아니면 호박빛 엄마 색일까. 하늘이 내려주신 자연의 모든 색은 '하늘을 닮은' 아름다운 색을 지니고 있는데 이를 바라보는 인간의 마음이 문제다. 변질되고 퇴색된 어른과 달리 아이들은 '하늘 엄마'를 닮은 가장 순수한 파란 마음과 눈을 가지고 꿈꾸듯 세상을 그린다.

정화수 떠놓고 보름달 앞에 서 있는 엄마의 뒷모습과는 대조적으로 아이들은 그림에 자주 해와 달을 등장시킨다. 둥근 보름달도 그렇지만 초승달이나 반달을 많이 그리고, 빛살과 함께 붉은 해를 달과 함께 그린다. 화면의 밑에 그린 것은 거의 볼 수 없고, 생활의 텃밭을 그린 위에 양쪽으로 해와 달을 그려 넣는다. 노란 보름달, 파란 초승달 옆으로 해를 빨간색으로 그린다. 해와 달을 아주 동그랗게 원으로 그리기보다는, 약간 거칠고 일그러진 모습으로 그려 초승달 반달과 함께 다정하게 어우러진다.

자연의 시간과 질서를 무시한 해와 달의 공존을 보는 것이다. 이 여름, 아무다리야는 중앙아시아 지평선을 유유히 흘러 아랄해로 들고 있다. 동투르키스탄의 타클라마칸 사막과 중국 신강 위구르 자치구 천산을 넘어 미끄러지듯 내려가면 중앙아시아의 대평원이 펼쳐진다. 구소련 남부의 카자흐스탄, 키르기스스탄, 우즈베키스탄, 타지키스탄, 투르크메니스탄의 5개 공화국이 있는 곳이다. 흑해 이스탄불 에게해를 거쳐 로마로 들어가는 옛 실크로드의 중요한 중앙아시아 루트다. 우즈베키스탄의 타슈켄트, 사마르칸트, 부하라, 히바로 이어진 과거 알렉산더, 싱기즈칸 티무르의 정복의 길이기도 했던 곳이다. 아직도 이슬람 전성기의 문화 유적이 많이 남아있는 곳이다.

아무다리야의 물길이 끝없이 이어진 대초원의 목화밭을 촉촉이 적시고 있다. 소금을 뿌린 듯 하얀 목화꽃 이불이 펼쳐지자 금빛 모래의 침상이 마련되고, 누군가 그 위에서 사랑을 나누어도 좋을 시각, 평원 저편에 지는 붉은 태양은 남성미 넘치는 모습이다. 그 모습은 한잔 술에 취해버린 진홍빛 흐드러진 생명 질이 뚝뚝 떨어지는 이미지다.

순간, 평원의 반대편에선 얇은 보름달이 살며시 떠오른다. 구름에 살짝 가리어진 달은 옷을 벗고 있다.

아아, 해와 달의 밀회!

그들의 뜨거운 구애가 지평선 양 끝에서 서로의 손을 잡을 때, 나는 그만 그들의 우주적 사랑을 목격하고 만다. 상식과 질서를 외면해버린 그 둘의 만남을 어떻게 설명할 수 있단 말인가. 그러나 아쉬운 그 만남도 잠시, 태양은 이윽고 어둠의 긴 터널을 힘겹게 지나 흰 달의 그림자를 뒤쫓아야 하리라. 태양이 달의 발치에 이르렀을 때 달은 이미 태양의 반대편 지평을 넘어가고 있을 것이다.

사랑이란 그런 것인가. 아스라이 떨어진 거리에서 늘 바라만 보며 그리워하는 것인가. 다가갈수록 멀어져 가는 것, 그래서 해와 달은 그들의 자리를 안타깝게 지키고 있는가 보다. 잠깐, 다시 지평선 끝을 보니 붉은 해가 순식간에 숨어버리고 있다. 흰 달이 한 뼘 더 위로 솟았다. 해의 추적이 시작된 것이다. 그리움을 표현하는 것이 그림이라면 아이들은 해와 달을 그리움 속에서 동일한 평면 위에 함께 그린다. 아이들 그림은 '상상의 눈'의 산물이다. 그러나 그들의 그 눈빛은 사랑의 진리를 선험적으로 터득한 눈빛이다. 이 땅에서 그림을 그리는 한 사람으로 나는 아이들의 그 눈빛과 함께 하는 쾌감을 느낀다. 보는 대로 그린다는 것이야말로 얼마나 큰 함정인가.

아이들의 눈, 그것이야말로 마음의 눈의 세계이며 바로 예술가에게 요구되는 본질이 아닌가. 나는 오늘 그 참다운 진실을 중앙아시아에서 새삼 깨우친다.

54

일상의 습관이나 버릇처럼
자신도 모르고 사는 일이 많지요
자신의 그림은 어떤가요
고정된 틀 속에서 반복되지는 않은지

한번 창틀을 가정해 놓고
그 틀 안을 들여다보세요
보고 느낀 것을
말로, 글로, 그림으로 표현해 보세요
그러면 심안이 생겨
한결 새로운 맛을 줄 것입니다

생각하는 힘, 무한한 상상력, 새로운 눈길
이런 것은 무엇보다 독서에 있고
또 체험의 현장에 서는 것이 매우 중요합니다
자신의 튼튼한 문학성(예술정신) 위에
표현 기술을 접목할 때 좋은 작품이 탄생한다는 것은 분명한 일입니다

문학성이란 생산을 위한 울림이고
열정이고 또 작품을 만드는 힘입니다
새로운 감수성의 인양이라고도 말할 수 있겠습니다

'새롭다'라는 것은 곧 '다르다는 것'을 말하는 것입니다

#
56

똑같이 그려 봐야지, 욕심을 가지면
어느 정도는 될 수 있겠으나

마음을 비우고 그리면
사물이 지니고 있는 본질까지도 얻을 수 있다

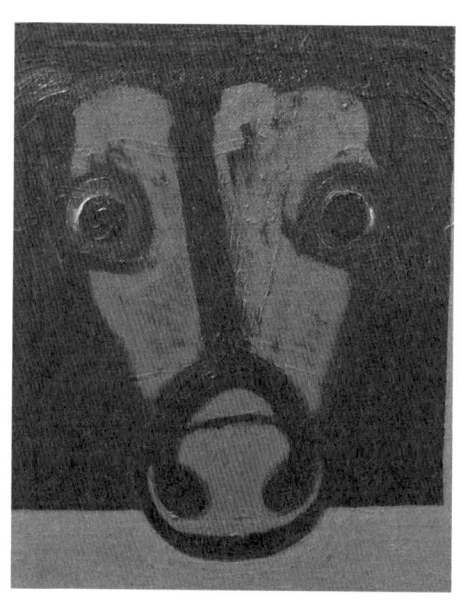

#
57

보았다 – 본다 – 상상

조형예술에서 '본다'라는 개념은 아주 중요하다
예술창작은 '상상'에 있다

포정해우

포정의 소 각뜨는 솜씨는 소위 명인의 솜씨였다.

몸 전체가 조화롭게,
자연의 리듬과 율동에 맞추어 한바탕 춤추듯이 각을 뜬다.

포정의 기술이 이런 경지에 이르기까지는

처음에는 눈에 소밖에 안 보이던 단계
다음에는 소가 소 아닌 것으로 보이는 단계
끝으로 소를 눈으로 보지 않고 정신으로 보는 단계

최상의 도道는 '눈으로 보지 않고 마음으로 보는 것'이다.

audio를 잘 하는 사람, ask를 잘 하는 사람

잘 듣고 늘 의문을 가지고 스승께 묻는다.
찾아 나서는 삶이다.

세 사람이 걸어가면 그중 한 사람은 스승이다.
지푸라기도 스승이다.
바람의 방향을 알려 주니까.

스승은 도처에 널려 있다.
teacher를 찾아 나서라, 그리고 다가가 ask 하라.

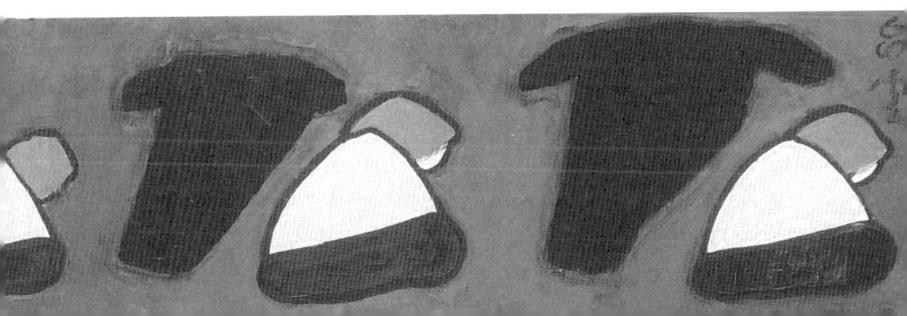

"친절한 말 한마디는 순교보다 위대하다."
마더 테레사

작품은 작가의 친절한 말이란 생각이 든다.

화가의 작품을 구경꾼이 와서 볼 때
작품은 곧 벌이란 생각도 든다.

education은 라틴어 educare에서 유래했다.

밖으로 'e' + 끌어낸다 'ducare'

사람은 그림을 그리고
그림은 인간을 새롭게 변화시킨다.

그림은 행복해지는 방법을 가르쳐 준다.

그림은 천천히 가는 것이다.
천천히 나의 마음을 달아오르게 하는 것.

그림 교육은 아이가 지니고 있는 가능성과 잠재력을
끄집어 내 주는 것이다.

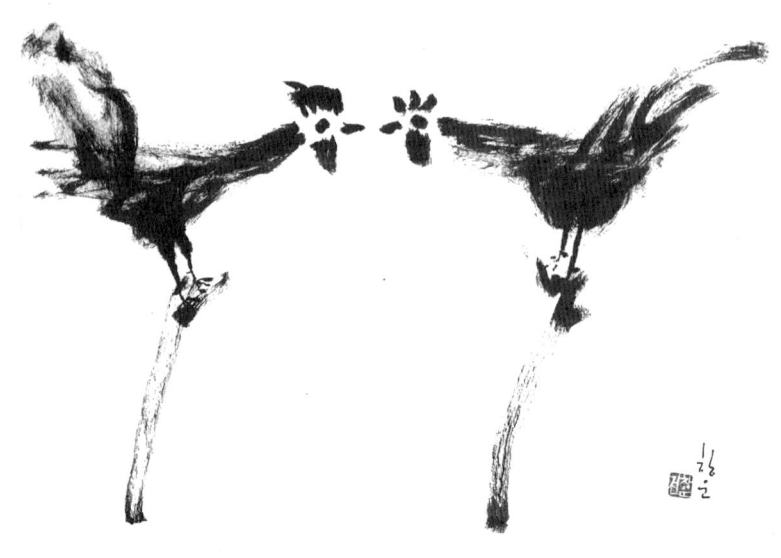

#
62

데생이 아무런 재능 없는 사람도
연습할 만한 가치가 있는 것은
우리에게 '보는 법'을 가르쳐 주기 때문이다.

목수를 화가로 만들기 위해서가 아니라
목수로서 더 행복하게 살게 하려고 한다.

산 맛, 산 멋

山이 있어 山에 오른다는 산 사나이들의 말

산정인정 山情人情

산가야창 山歌野唱

산은 언제나 넉넉한 품을 열어 화가를 맞이해 준다.

유랑의 씨앗은 언제부터인가.

진경산수 겸제 정선 때부터 - 김홍도, 화원의 화가 - 일제 강점기

그때부터 250년 지난 오늘의 풍경 화가들이 뒤를 이어가고 있다.

진정한 진경산수 안에는 '상상'이 들어 있다.

64

미로득한정未老得閒亭

추사 김정희 선생님으로 이르자면 조선 시대의 서화가요, 문인이며 금석학자로 이조참판을 지내신 분이다. 물론 서예에 있어 독특한 추사체를 대성시킨 분이기도 하다.

그는 1840년 윤상도의 옥사에 연루되어 제주도로 유배되었다가 48년에 풀려나기도 했다. 이 시기의 작품 중에서 요즘 내 마음을 유독 끄는 것이 있다. 하나는 43년에 그린 세한도이고, 또 하나는 미로득한정이라고 쓴 다섯 글자이다. 이들 중 후자는 이 작품의 소장자인 지암이라는 분을 통해 접하게 된 것으로, 추사의 제주도 유배 시절은 물론 선생님을 가까이 이해하는 데 귀중한 자료라고 생각한다.

'아직은 창창한 나이에 한가로운 정자에 드니'라는 이 미로득한정은 얼핏 보면 노기에 찬 불편한 심기로 그가 유배지에 떨어져 누옥에서 끓어오르는 격정을 녹여 붓털을 후린 것으로 보이기 쉬우나 그것보다는 다른 깊은 뜻이 새겨져 있으리라 본다. 현실을 원망하지 않고 새로운 마음가짐을 갖는 한편 유유자적함마저 보이는 추사 어른으로서의 큰 모습이다.

옛날 중국 이백이 노래한 원정怨情에 눈물 흘리는 여인과는 대조적이다.

주렴 걷고 앉은 미인

아미를 찌푸렸네

모를레라

그 얼굴에 그 눈물 자욱

그 누구를 원망하나

알 바 없어라

하루는 한학의 태두인 연민 이가원 옹이 지암을 보자더니 무릎을 치며 "이 다섯 자는 완옹의 최고 걸작품"이라며 '이가원 분향'이라 쓰고 "내가 어이 여기에 호를 붙이겠는가"라며 아호 쓰기조차 삼가더라는 것이었다. 그리고 자신의 이름이 새겨진 도장을 누른 것이다. 완옹이 높이 존경하고 자신을 낮춘 이른바 이가원 선생님의 겸손도 함께 볼 수 있어 여간 흐뭇한 것이 아니었다. 부끄러워하는 것이 곧 성현이라 했으니, 추사가 그렇듯 이가원 선생님또한 성현이 아니고 무엇이겠는가.

사람은 누구나 행복을 꿈꾸며 살아가는가 보다. 추사의 세한도는 바로 꿈을 꾸며 살아가는 사람들의 집이란 생각이 든다. 솔직히 말해서 세한도는 젊어서는 그리 내 마음에 와 닿지 않았다. 그저 유명하다니 관심 정도 두었던 것인데, 오히려 화려하고 웅장한 서양교회 건물이나 고흐, 고갱의 그림이 더욱 감동으로 다가왔다. 그렇던 것이 세월이 지나, 특히 요즘처럼 살기 힘들 때 세한도가 내 마음의 고향이요 은신처고 쉼터로 다가옴은 웬일일까.

시골을 돌아다니다 보면 빈집이 많이 보인다. 젊은이들은 대도시로 밥벌이 떠났고 늙은이들만이 힘없이 집을 지키고 있다. 세한도는 무엇보다 비어 있어 편안해 보인다. 먹선 몇 닙 그어 집인지 나무인지 텅 비어 있는 것이 마음에 든다. 굳이 설명하려 하지 않고 변명으로 단장한 것이 아니라, 벼랑을 훑고 지나간 강풍에 굳건히 맞섰던 소나무 껍질의 수더분함을 껴안는 기쁨이라 좋다. 세한도는 '큰 사람들'에게서 고통을 겪는 작고 가난한 이의 역사란 생각이 들어 좋다.

표류자의 손에 들린 작은 나무 조각이고 그가 숨 돌릴 안식처라는 게 마음에 든다. 특히 역으로 가난한 사람, 겸손하고 친절한 사람의 집이란 걸 생각할 때 한없는 기쁨으로 차오른다. 어려울 때 서로 돕고 먹을 것이 있으면 나누는, 그래서 채우기보다는 남을 위해 자신을 비울 줄 아는 유난히 정이 많았던 우리 민족, 바로 우리 민족의 아름다운 마음을 만지는 집이라 좋다. 나 같은 청맹과니도 불러 풍경 회복을 위해 붓을 쥐어 주는 고마운 화실로, 그리고 이중섭의 외침과 증언이 서려 있는 집일 것이라 마음 든든해진다.

이웃 마을에 품앗이 갔다 돌아오는 길에 쉬어가라고 손짓하는 쉼터, 가난하고 착한 마음씨를 가진 사람들이 대대로 살아오는, 노곤이 비치는 따뜻한 집이다. 행복을 꿈꾸며 사는 곳으로 우리를 안내하는 세한도! 마음이 가난하고 온유하며 자비를 베풀며 깨끗한 마음과 평화를 위해 일하려는 사람들을 불러 모아 하늘의 복을 내려주시는 집이나.

인간 안에 '인간을 초월하는 어떤 것'이 있음을 잊지 말라는 말씀을 새겨

보며, 요즘처럼 추운 날 '미로정'의 미술생산자는 허름한 집 한 채쯤 지어 보는 것이 어떨지. 추사의 세한도처럼 말이다. 예술의 길은 언제나 '멀리 돌아가는 길'이라는 교훈을 새롭게 새겨본다.

작년, 미대에 떨어지고 지루한 여름 장마의 짜증스러운 밤을 입시 공부에 매달리고 있는 딸아이를 보면서 '부모 학습'의 곤고함을 새삼 저리게 느낀다.

백성들에게 효제정신을 길러주기 위해 조선조 세종 임금이 펴낸 삼강행실도엔 상분감고도嘗糞甘古圖란 그림이 있다. 중국 제나라 때 유검루란 사람은 벼슬에 오른 지 얼마 되지 않아 고향에 계신 아버지께서 와병 중이시란 소식을 접하게 된다. 그는 곧바로 고향으로 내려가 명의를 찾아 부친의 병세를 상담하게 되는데, 명의 하시는 말씀이 아버지의 빠른 쾌차를 위해서는 부친의 변을 맛보라는 것이었다. 유검루의 효는 어떤 거울로 우리에게 다가오는 것일까.

1950, 60년대 경제적으로 어려웠던 시절인지라 더욱 그러셨으리라 생각도 되지만, 법과 가라, 상과 가라 하시던 아버지의 말씀을 거역하고 밥 굶기에 십상인 화가의 길을 걷겠다고 미대를 지망했으니 이것이 불효 환쟁이가 아니고 무엇이겠는가.

나는 마흔이 되어서야 파리를 가볼 수 있었다. 파리에서 열리는 전시회에 현지 작가로 가게 된 것이 바로 그것이다. 떠나는 기쁨보다는 홈런을 치고도 뱃박스에서 뛸 줄 모르는 야구선수 같다고나 할까. 공항을 떠나는 나의 기분이었다. 북극권을 날아가는 비행기는 무한공간에 정지된 채, 마치 장대 위에 앉은 잠자리를 연상케 하는, 확실히 지상에서는 경험하지 못한 많은 것을 보여 주었다.

그리던 파리 여행이 시작되었다. 몽마르트르에서 옛 19세기 말 작가들의 멋도 훔쳐보았다. 밤에는 센 강의 선상에서 세계 여행자들 틈에 끼어 맥주도 마셔 보았다. 에펠탑 위에서는 파리 시내를 내려다보며 어린아이처럼 기뻐 큰소리를 질러 보기도 하였다. 베르사유나 루브르의 미술품은 나의 입을 딱 벌리게 하고 신발까지 벗어든 시골 아이로 만들었다. 비에 젖은 거리의 조각품들을 볼 때는 안타깝기까지 했다. 그 후 파리에서 눈 맞춘 용기로 마드리드, 바르셀로나, 로마, 피렌체, 밀라노, 먼 그리스의 아테네까지 갈 수가 있었다. 북쪽의 브뤼셀을 지나 암스테르담, 코펜하겐까지도 가보았다. 피로함도 잊고 정신없이 돌아다녔다. 잠자는 것이 아까웠다. 가는 곳마다 모든 것은 부럽고 신기함으로 다가왔다. 유럽을 몽땅 떠오고 싶었다.

시간의 흐름 속에 유럽을 보는 나의 흥분된 마음은 점차 가라앉기 시작했다. 서구의 풍요로운 물질의 눈길에서 멀어지면서 나의 마음은 편안함을 찾을 수가 있었디. 눈앞의 하루살이처럼 아름다운 여인이나 찬란한 물질 등, 똥만 보이던 개 눈에 축축한 생명의 물기가 나의 눈을 닦아주는 고마움으로 차올랐다. 순간, 파리의 서울 촌놈 앞에 희미하게 다가온 것이 있었다. 바로 흙이었다. 꿈에도 그리던 파리에서, 집 떠난 먼 곳에서 흙의 소중함을 깨닫게 되었다. 여행이 끝나는 길로 '내 나라 흙 사랑' 해야겠다는 생각에서 귀국길을 재촉했다.

여행에서 돌아온 나는 그해 겨울방학을 지나 나가던 직장을 대안도 없이 내던졌다. '새롭게 다시 서야지' 하는 일념으로 벼랑 끝에 내몰릴 식솔도 잊고 연줄을 과감히 끊었던 것이다. 그때부터 나의 전문 강사 생활은 시작되었고 용기 속에 고통은 따랐지만, 시간이 많아 어머니와 자주 점심 겸상을 할 수 있었던 일, 무엇보다도 어려울 때마다 우리 가정의 버팀목으로 가족의 마음을 하나로 모아 주었던 아내는 그 시절의 물기로 자리하고 있었다.

'내 나라 흙 사상'은 찌든 도시에서 마침내 나를 자연으로 내몰았고 그렇게 하여 20여 년 가깝게 흙을 끌어안고 초록 생명을 지키는 파수꾼으로 세웠음을 큰 감사와 은총으로 생각하며 살아오고 있다. 방학 재미에 교단에 서 왔다는 어느 교사의 말처럼 나는 방학마다 새로운 흙을 찾아 나섰다. 고비사막, 타클라마칸 사막, 사하라 사막, 시리아 사막에서 삶의 걷는 법을 배우고, 파미르와 티베트 고원에서는 엄혹한 자연환경과 싸워 살아가는 그곳 사람들의 용기와 지혜를 볼 수도 있었다.

인생의 긴 여정에서 현실은 언제나 안테나 뽑듯 직선을 강요하지만, 불효자로 선택한 멀고 먼 예술의 길을 나는 오늘도 고독하지만 묵묵히 걸어가고 있다. 장삼과 목탁만이 남을 비구나 수도자는 아니더라도 한 길 걸어가는 외로운 '외줄 타기' 불효자 환쟁이는 저승의 아버지께 용서를 청해 본다.

밤새 내리는 장대비는 화가 지망생인 딸애 옆에서 나의 '아버지 학습'을 매질하고 있다. 동이 트고 날이 밝으면 다시 나가야지. 흙을 찾아서.

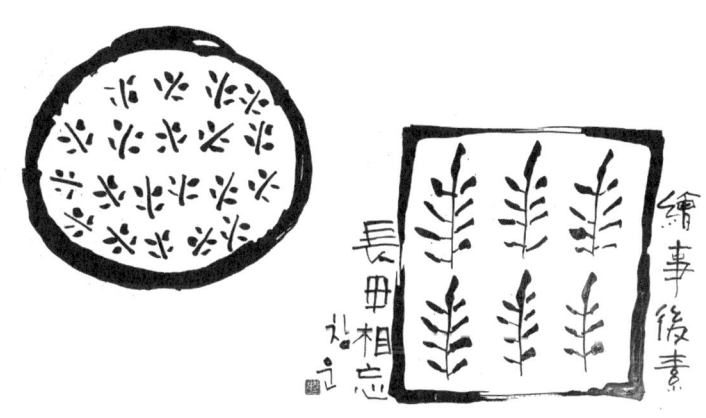

… 66

딸아 너는

세상이 아침을 열어줄 때면
딸아 너는 나팔꽃처럼 고아라

해뜨기 전 이른 새벽에 피어
해 오름에 숨어드는 나팔꽃처럼
딸아 너는 겸손히 낮아라

네 엄마를 봐라
나팔꽃을 쏘옥 빼닮지 않았더냐
딸아 너도 엄마처럼 조용히 부지런하거라

세상엔 온통 옮겨 다니는 게 천지다
한자리를 정해
해마다 꾸준히 피어나는 나팔꽃처럼
딸아 너도 한자리에서 살아라

무엇보다 서로를 의지하며
사이좋게 감아올리는 나팔꽃을 보면
딸아 너도 세상과 좋은 연緣을 엮으며 살아라

세상엔 예쁘고 좋다는 건 다 잘리고 꺾였다
장미꽃도 진달래꽃도 갈대도
심지어 야생화도 뿌리째 다 뽑혔다
하지만 나팔꽃이 꺾이고 도둑맞았다는 말은
아직 들어보지 못했다
딸아 너는 꺾이지 않는 나팔꽃으로 평생을 살아라

겸손히 수수한 새벽 여인으로 피어나는
나팔꽃 네 엄마처럼 살아라
한곳 뿌리내려 꽃 피우고 씨내리는
네 엄마처럼 말이다

딸아 너는 새벽 나팔꽃처럼
세상에 진정 고와라

67

이 땅의 아들들에게

암브르시오.
새로워질 수 있다는 것에 대한 뿌듯함과 새롭게 변화되었음에 큰 기쁨을 안고 사랑하는 너에게 이 글을 쓴다. 지금쯤 언젠가 아비가 그랬던 것처럼 너는 하루 훈련을 마치고, 황산벌 너머로 곱게 지는 저녁놀을 보고 있겠지.

> 인간은 태어나 언젠가 죽는 것, 존재는 신비한 것, 잡힐 듯 잡히지 않는 존재, 살아있다는 것은 큰 축복.

사랑하는 아들아
시사명視思明이란 말이 있다. 생각을 가지고 사물을 보면 밝음이 온다는 뜻이다. 존재 자체에 대한 물음은 늘 반복되어야 하며, 그것이 없으면 옳은 삶을 사는 것이 아니다. 높이의 개념에서 생각하며 살도록 하자. 자유롭게 생활하다가 군인의 몸이고 보니, 다소 불편이 있으리라. 그러나 엄격한 틀 속에 살며 절제에 훈련되는 생활이 얼마나 자신을 건강하게 이끌어주는지 알아야 한다. 눈물과 고통의 길을 지나보지 않고는 자기 성숙을 기약할 수 없다. 인내는 인간을 강인하게 단련시키기 때문이다. 지금의 고통이 무엇을 위한 것인가 생각해 본다면 의미를 찾게 될 것이다.

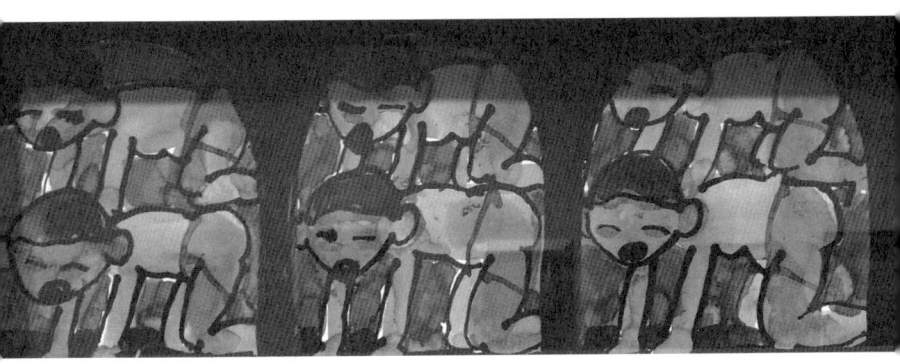

이번 기회에 감사와 존경의 마음을 알았을 것이다. 가정의 소중함과 부모의 고마움도 느꼈을 테지.

    무엇이든 혼자되는 법은 없다. 존재란 관계를 맺어가는 일이란다. 무엇보다 모든 것을 있게 하시고 운영하시는 하느님께 감사를 잊지 마라.

살아 있는 것들은 모두 사랑을 원해

식물은 땅을 정화하고 인간을 정화시키지

식물도 목마르면 비명을 지르고, 음악을 좋아해

참다운 행복은 태양 아래 서 있을 때라는 것도 가르쳐 주지

제주도에 사는 김일형씨는

밀감도 기계음 보다 생음악을 좋아한대

그는 밀감 밭에서 색소폰을 불어준다

고회부처아녀손高會夫妻兒女孫

세상에서 가장 훌륭한 모임은 가족이 함께하는 모임이다.
가족은 안전벨트이자 호곡장好哭場이 되어야 한다.

친구 성덕이는 어머니 방에서 옷을 갈아입으면서
어머니를 살핀다 하고

한 친구는 할머니가 그리울 때면
할머니 계시던 방의 장판지를 조금 뜯어 할머니 냄새를 맡았다고.

남편 먼저 보낸 91세 할머니가 널어 논 빨래를 보고
남편도 **빨래처럼 빨아** 다시 쓸 수 있으면 얼마나 좋겠느냐고.

이불 펴고 베개 두 개 나란히 놓을 때가 행복이다.

여행은
쉼, 안식, 새로운 발견

몽골 쌍봉낙타는 마두금 생음악에 감동해
눈물을 흘리며 새끼에 젖을 물리고

소크라테스는 어디 출신이냐 질문을 받자
'아테나'라고 하지 않고 '세계'라고 대답했다

여행은
학교, 교실, 배움터

수업은 여행이다

세상은 넓다
나를 즐겁게 하고 나를 활기차게 해보자

예술가는 나무 같아야 해
한 자리에서 꾸준히 키워 올리는

미협을 쳐다보고
상업주의에 빠지지 말고
작품은 팔려도 서운하고 안 팔려도 서운한 것

화가는
가난하고 가련하고 서글픈 거야

화가뿐인가
인생이 다 그런 건데

어찌 너는 그리도 마음이 바쁘냐?

씨앗을 뿌릴 때나 흙을 돋아줄 때나
흙은 언제나 두 손을 모으는 정성으로
나에게 기도를 가르쳤고
겸손이라는 마음을 깨우쳐 준다

겸손이 깨지면 마음에 지진이 일어난다

#
73

모이 줍는 새의 독백

초여름치고는 무척이나 더운 날, 나는 첫선 본 여자와 결혼을 했다. 그 후 결혼식장에서 홀로 앉으셨던 어머님과 우리 둘의 결혼을 반대했던 처삼촌이 어색하게 하객 중에 끼어 있었던 것이 지금도 눈에 선하다. 그도 그럴 것이 교사였던 나에게는 딸을 줄 수 없다는 여자 집 얘기였다. 선생을 할 바에는 영어나 수학 선생처럼 수입이 좋은 선생이라야지 가족 굶겨 죽이기 딱 좋은 미술 선생에게는 딸을 맡길 수 없다는 것이었다. 솜털이 보송보송하고 눈은 시커먼 오징어 물로, 손은 문둥이 손으로, 명동 여인네들과는 한 군데도 닮지 않은 그 여자를 안사람으로 맞는 우리를 사진사는 증인들 앞에서 찰칵찰칵 박아댔다.

나는 나이브한 그녀의 솜털이 맘에 들었고, 훌륭한 남편을 맞기 위해 오징어 물로 치장하고 나온 그녀의 전투적 열의를 높이 받아들이고, 문둥이 같은 역사적인 손에 흠뻑 빠져들었던 것이다. 그러나 아내는 나의 어디가 맘에 들어 결혼하기로 했는지 지금껏 한 번도 얘기해 본 일이 없다. 살 맞대고 10여 년 지내는 사이에 우리는 입을 벌리고 자는 사내아이와 돌을 갓 지난 딸 하나를 두었다. 딸이라곤 하지만 보는 이마다 그 녀석 잘 생겼다 한다. 꼭 남자 같단다. 아내는 아빠를 똑 닮았다느니 돼지 같다느니 하지만, 나는 건강한 미식축구 선수 같다고 했으니 누구든 이 아이의 생김을 가히 짐작하리라. 애들은 커 가면서 예뻐진다는 노인들 말씀을 절대 믿고 고슴도치 사랑을 준다.

그간 아내는 나의 그림 생활을 조금은 이해하게 되었고, 또 내가 좋아하는 화초에 아침저녁으로 물을 주게도 되었다. 서로를 이해시키고 또 이해하려고 하는 가운데 지극히 평범한 가정을 꾸려오고 있다. 아내는 속상한 일이라도 생기면 어느 때나 마찬가지로 부엌으로 들어가 찬장을 향해 서거나, 맨바닥에 앉아 있곤 했다. 마치 영도자처럼, 예배자처럼. 그런데 눈이 젖은 채 한참 만에 나온 아내는 빨래를 한다. 밤이 늦으면 외로운 기린 목을 골목에 드리우고 아내는 어미 찾던 아이처럼 지친 잠을 의자에 누인다.

아내는 내가 이따금 간청하면 쌈짓돈을 잘 내놓는다. 아마도 간지럼에 맥을 못 추는가 보다. 그러는 사이에 아내와 나는 서로의 할 일이 분명해졌다. '집 지키는 입장과 모이를 물어 오는 입장'으로…. 개와 새로 변해 간 것이 아닌가. 귀여운 강아지는 몸집이 크고 힘이 센 셰퍼드로 점점 변해갔다. 밥그릇도 큰 것으로 바꾸어야 하며 먹이도 많이 주어야 했다. 목줄도 튼튼한 것으로 하고 울타리도 더 높이 세워야 했다. 공중을 높이 날아오른 새는 우선 시원해서 좋다. 반드시 독수리나 매가 아니라도 멀리

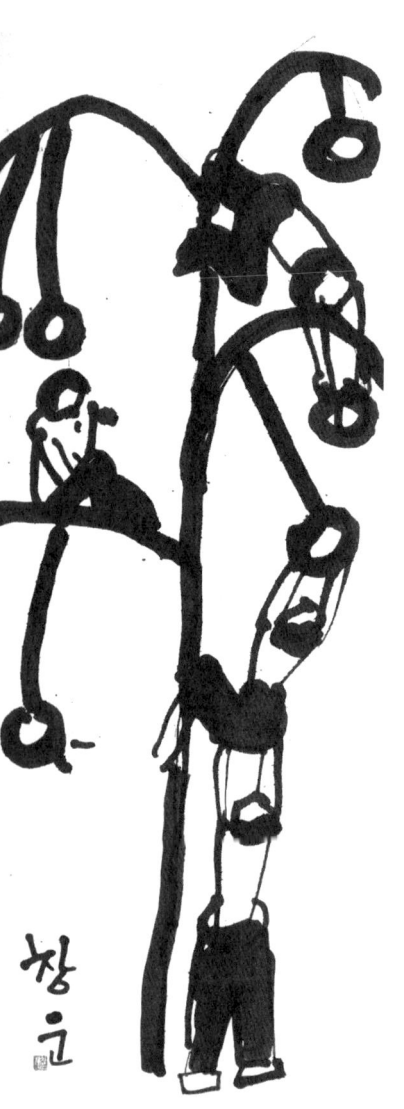

높이 훨훨 나니 볼 것도 많고 유혹도 많다. 큰 정원과 풀장을 갖춘 저택에 자가용도 근사하게 보인다. 그 집에서 나오는 사람들도 우리보다는 뚱뚱해 보인다. 잘 먹는가 보다. 파란 정원도 가지고 싶고 시원한 풀장도 있으면 좋겠다. 높이 날아오르니 손에 쥔 돈이 보이지 않아 좋다. 사람마다 모두 부지런하다.

절름발이는 목다리를 하고, 배가 나온 사람은 배 들여보내기에, 없는 자는 가지려고, 많이 가진 자는 더 많이 가지려고 왔다 갔다 한다. 세안의 뒷골목에 지쳐 쓰러진 여인도 보인다. 눈이 빨갛다 못해 파랗게 지쳐 있다. 또 육교 위에서 손톱깎이를 파는 아주머니도 보인다. 점심을 건너뛴 빈 젖을 어린아이가 손으로 쥐어뜯는 것도 보인다. 참 구경거리가 많아 좋다.

옳지, 아내에게 날면서 본 것들을 하나도 빼놓지 말고 얘기해줘야겠다. 높은 데서 내려다보았으니 모두가 작게 보인 것들을 하나도 빼놓지 말고 얘기해야겠다. 우리가 가진 것보다는 모두가 작더라는 것을 솔직히 말해야겠다. 우리 집이 제일 크고, 우리 뜰이 가장 넓으며, 대문도 크고 수돗물도 우리 집이 제일 잘 나온다고.

첫아들 그 녀석이 자연 과목 하나가 우고 다른 과목은 모두가 수니 공부도 제일이고, 둘째 아이는 바라던 딸이니 소원 풀었다고 말이다. 한참 구경하다 보니 내 할 일을 잊었구나. 아버지로, 남편으로, food-gatherer로 할 바를 못다 한 것 같다. 네 식구에 아버지 하나 온전치 못하고, 셋이 나 자랑할 만하니 괜찮은 가정이리라. 보통가정을 최상의 가정으로 끌어 올리는 데 자신 있으리라. 땅 딛고 하늘 향한 꿋꿋한 내 가정에 건강 있으리.

74

사랑

인도 북쪽의 라다크 사람들은 아이가 태어나면 아이의 아버지는 일주일 동안 밭일을 피한다고 한다. 그것은 자기도 모르게 작은 곤충이라도 해쳐서 영혼을 어지럽힐까 염려해서란다.

지난 봄날, 야외 스케치 길에 나는 팔순을 바라보는 윤후근 선생님 옆자리에 앉아 갔다. 사모님을 화요일에 하늘로 보내셨기에 매주 화요일엔 술을 드시지 않는 것으로 알려진 분이다.

    저, 선생님!
    돌아오는 초파일엔 사모님한테 다녀오시겠네요?
    - 그렇지, 거기로 해서 절도 갔다 와야지.
    절은 왜요?
    - 자식 놈 중에 산부인과 병원을 하는 놈이 있는데
    그놈이 좀 많이 죽였어야지.

선생님과 나 사이엔 한참 동안 침묵이 이어졌다. 차창 밖으로 삼겹살, 갈비탕, 사철탕, 소머리국밥, 닭갈비, 내장탕, 간처녑, 꼬리곰탕, 족발, 곱창전골 등의 글자가 교대로 흐르고 '원조'란 글자도 자주 눈에 띈다.

생명을 열 번 죽이고도 원조라니.

어려서 오래 살았던 곳은 대방동 용마산 기슭, 봄이면 벚꽃으로 뒤덮이는 마을이다. 우리 집에도 커다란 벚나무 한 그루가 있었다. 마을 앞 논을 지나 고구마 순을 따라 언덕을 넘으면 밤을 지나온 새들이 깃을 내리는 시내가 흐르고 있다. 아이들을 기다리는 엄마의 마음이 붉은 석양빛으로 곱게 물드는 마을이다. 늙은 것이야 잡아가겠느냐고 하시는 할머니를 남겨 두고 우리 가족은 6·25 피난길에 올랐다.

그 해, 긴 여름을 지나 포성이 멈춘 날 우리 가족은 감자 구걸에 후한 인심을 보여 주었던 고마운 분들의 마음을 안고 집으로 돌아왔다. 집엔 봄에 뿌린 무와 배추가 전쟁도 아랑곳하지 않고 보기 좋게 자라 있었다. 피난길에서 잃었던 검둥이도 돌아와 할머니와 함께 평화를 기도하고 있는 듯했다. 그런데 집 뜰에 눈길을 끄는 것이 하나 있었다. 배추밭 곁을 지키고 서 있는 벚나무 밑에 녹슨 가시철망이 둘러쳐져 있는 것이 아닌가.

웬 가시철망?

다른 사람들의 손길을 탈까 봐 할머니께서 쳐 놓으신 것이란다.
피난길에서 손자들이 돌아오면 따먹으라고 쳐 놓으신 할머니의 사랑이었다. 까마중, 깜부기, 무 꼬랑이, 고구마 등 심지어 논둑의 메를 캐 먹던 시절에 벚나무의 버찌는 대단한 것이었다. 지금도 버찌가 익어가는 계절이 오면 할미니 생각이 나곤 한다.
올봄엔 할머니 산소 곁에 벚나무 몇 그루를 심어 놓았다. 잘 자라 주어 할머니의 벗이 되어 주었으면 하는 마음이다.

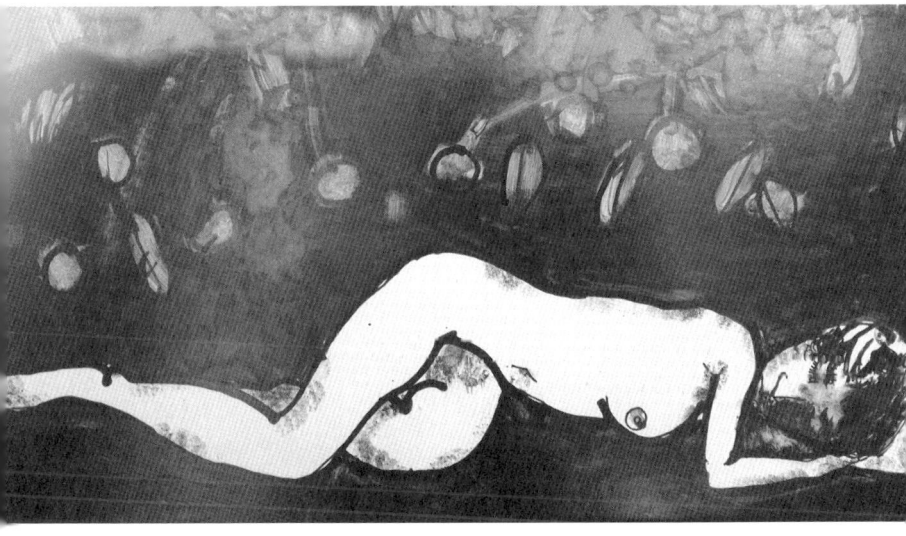

어머니를 그리며

어느 가을날 일요화가 회원들과 함께 철원 월정리로 스케치 갔다

고향길 가던 날
철마는 몸태질하고 있었다
형태마저 없는 녹슨 철근이 철원 들판에서
까맣게 몸태질치고 있었다
차라리 현대조각이라면 좋았으련만
사지 잘리고 눈알마저 빠진
분단 이산의 상처로
우리를 가로막고 있었다

부모와
형제 혈육을 끊어 놓은
그래서 눈도 가리고 귀도 막은 지 반세기
눈물마저 마른 지 오랜
철원 들판에 서서
두고 온 고향을 바라다보았다
숨죽인 비무장 숲속

평강고원이 아련한
거기서 조금만 오르면 내 고향 신고산이 있다
어머니의 신고산 타령이 울고 있는 곳이다
신고산이 우루루루
함흥차 가는 소리에
구고산 큰 애기 반봇짐만 싸누나
어랑어랑 어허야 어야 데야 내 사랑아

북 꽹과리 특별히 악대가 필요 없다
큰 물통에 물 붓고
바가지 엎어 띄우면
내려치는 물장구 손가락에
흥겨운 노랫가락 어깨춤이 애절하다
구성진 노랫소리 바가지를 울리고
한 많은 인생살이 후절로 이어진다

구부러진 노송 남근 바람에 건들거리고
허공 중천 뜬 달은
사해를 비추노라
어랑어랑 어허야 어야 데야 내 사랑아

스마트폰 시대, 사진이 산더미처럼 들어 있다.
사진 중엔 나의 얼굴도 많이 있다.
얼굴 사진을 꺼내 세상에 보이고 싶었다.
남들이 나라 해도 좋고, 나 아니라 해도 좋다.
나와 나를 비슷하게 닮은 중간이라 해도 좋다.

내 그림의 화제로 자주 올리는
김매는 여인, 머리에 물건을 인 여인을 곁들여 그려 넣었다.
수채물감을 한 양동이 풀어 화면에 겨 얹어야만 수채화인가.

답답하다.
새로운 변화를 주기 위해
「화가 전창운」이란 제목을 붙여 수채화 작가회 40회 기념전에 출품했다.
그리고 마음속에 늘 간직하고 있는
집사람의 설거지하는 뒷모습을 꺼내어 함께 출품했다.

여인의 설거지는 단지 그릇을 청소한다는 개념을 넘어
'기도'란 개념에서 소중히 애껴 묻고 간직한다.

봄이면 난 울 엄마 젖이 먹고 싶다.

수줍은 새색시 뒷모습으로 시집오시어
얼굴 없는 뒷모습으로 사시다
뒷모습으로 영영 돌아앉으신 울 엄마 젖 먹고 싶다.

난 울 엄마를 너무 오래 호주머니에 넣고 살아온 것 같다.

하늘 문이 활짝 열렸다는 사순 시기에 가신 울 엄마
울 엄마는 평생 우리를 속이고 사신 거 같다.
그것은 내 울 엄마를 그리워하듯
울 엄마도 엄마의 엄마를 그토록 그리워했을 거란 생각이다.

이제 와 평생 빌려 쓴 울 엄마를
외할머니 품으로 되돌려 드렸다는 생각으로
애써 마음 다스려 본다.

엄마의 음성이 울타리를 넘어본 일이 없던 시절
아버지의 존재는 너무도 크셨다.
그 밑에서 엄마는 너무 작아 보였다.

두 분 다 가시자 엄마는 매일같이 커갔다.
엄마 생각은 큰 돌을 눌러 놓아도 튕기쳐 나온다.

지난 청명에 엄마한테 들렸더니
전보다 산소가 더 불룩해졌다.
봄볕 따스한 날 울 엄마 옆에 앉고 싶다.

가을걷이 끝낸 산허리 잔 터에
미처 따라나서지 못한 옥수수 몇 대가 가을볕을 주워 담고 있다.

돌밭 억센 뿌리 갈기 찢긴 잎새엔
예정된 마지막 낮은 숨을 몰아쉬는 생명이 산다.
그런 사이사이에 얼굴 없는 여인으로 사신
내 어머니가 계신다.

강냉이 풀죽이라도 실컷 먹어보자 하시던
어머니의 보릿고개 볼멘 소원이 자리하고 있다.

나는 어제,
젖은 머릿수건
억센 손마디 보이지 않으려
뒤돌아 앉으셨던 어머니 가신 길을 따라 걸었다.

파란 하늘 맞닿는 황톳길 끝까지 따라가
불러도 불러도

어머니 뒷모습
새색시 수줍은 뒷모습으로 오셔서
뒷모습으로 사시다
뒷모습으로 가신 어머니를
이 가을 스산한 옥수수 밭에서 본다.

#
78

사랑이 무엇인지 아는 사람은
자기 애인만을 사랑하는 데서 그치지 않는다.

작은 풀잎, 흘러가는 구름, 길가의 조약돌까지도
깊은 감동을 가지고 바라보게 될 것이다.

모든 생명을 어제와는 다른 눈으로 바라보게 된다.

풀벌레도 문장이다.

#
79

한국 사람이 지구에 왔다가
김치찌개 맛을 못 보고
장자를 못 읽고
그 맛을 못 보고 간다면, 얼마나 불행한 노릇인가.

나와 서울예대는
나의 어찌 좋은 친구인지.

내 인생의 길벗
행복한 '운명의 해후'이다.

#
80

《나무를 심은 사람》의 엘제아르 부피에는
철저한 외로움과 고독을 선택하며 산다.
고독 속에서 자아를 만난다.

나도 주말 농사를 10년 가까이 해 온다.
농사일도 혼자 하면 힘들고 짜증 날 때가 많지만
집사람과 함께 나가면 축복이란 생각이 든다.
나와 집사람은 다행히 흙과 생추 만지는 것을 아주 좋아한다.

내 입이 웃으려면
먼저 흙을 웃기고, 하늘을 웃겨야만 한다는 교훈을 얻는다.

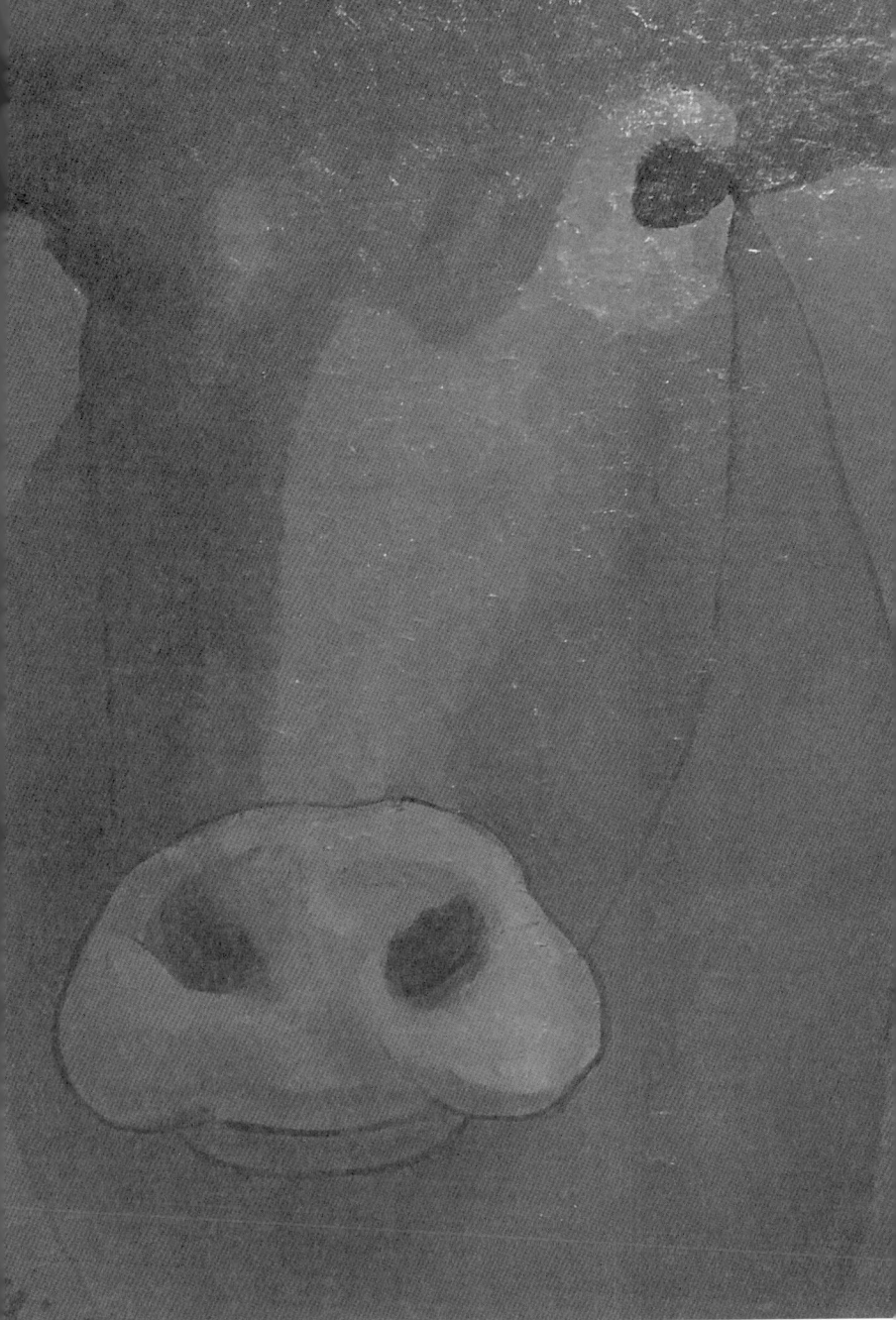

#
81

어머니의 등기도

세상의 어머니들은 기도를 달고 태어나셨다
내 어머니도 평생 등기도이셨다
내가 아가였던 시절 예쁘다고 말씀하신 것도 다 어머니의 등기도이시다
어머니의 등기도는 교대자도 없이 내 안에서 종신형으로 사신다

82

부모란 못해준 것만 남는 법

부모는 눈 뜨고 잔다

어디 부모 되기 쉽더냐

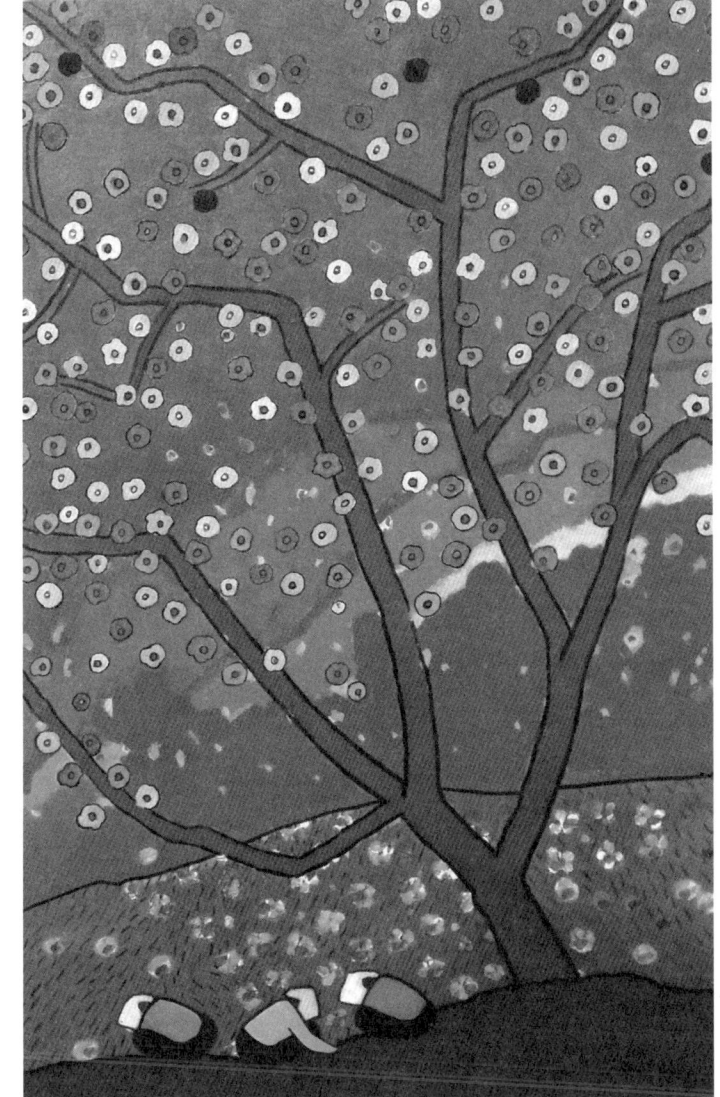

공자가 뜰에 서 있는데
종종걸음으로 지나가던 아들 백어伯魚를 세우고

시詩를 배웠느냐, 예禮를 배웠느냐, 물으며

불학시不學詩 하면 무이언無以言 이요
불학례不學禮 하면 무이립無以立 이라 하였다.

시를 배우지 않으면 남과 더불어 말을 할 수 없고
예를 배우지 않으면 제대로 설 수 없다는 말이다.

84

아들 집은 빈손으로 가고 딸 집은 바리바리 싸 들고 간다.
손주 핑계 대고 택시를 타는 일이 종종 있다.

택시 안은 *한수작처閑酬酢處로 변해 두런두런 사는 얘기로 꽃을 피우는데,
일전엔 아들이 대학에서 클래식 작곡과를 나와
아직 벌이가 없어 백수로 지낸다며, 한숨 끝에
"예술은 기다려야지요." 하던 기사 말이
뒷좌석에 앉은 화가의 가슴에 10점 만점 화살을 꽂는다.

화가로 죽기는 쉬우나, 화가로 사는 것은 어렵다.

* 한수작처閑酬酢處: 한가하게 제자와 이야기를 주고받는

85

삶을 주어 힘쓰게 함에 늘 감사드리자.
미래의 희망을 전 재산으로 사는 화가는
미래가 왜 그리 미리 알고 싶을까.

딸기 하우스농에 벌을 집어넣어 봉접을 시킨다.

그림은 곧 벌이다.

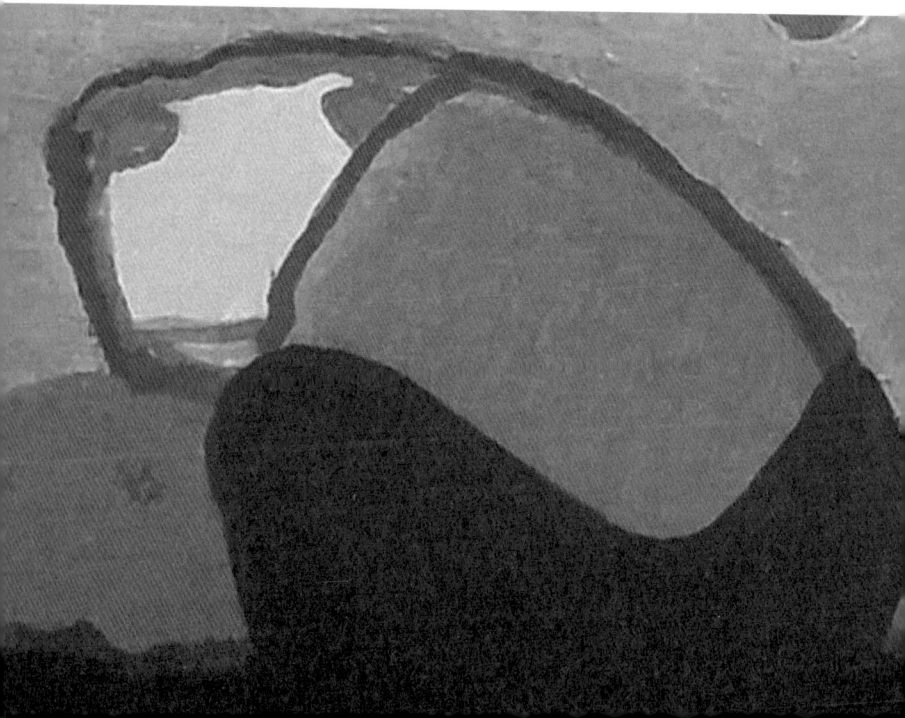

#
86

우물 안 개구리에게 바다를 이야기할 수 없다.
한 곳에 갇혀 살기 때문이다.

여름벌레에게 얼음 이야기할 수 없다.
한 철에 매여 살기 때문이다.

마음 굽은 선비에게 도道를 이야기할 수 없다.
한 가지 가르침에 얽매여 살기 때문이다.

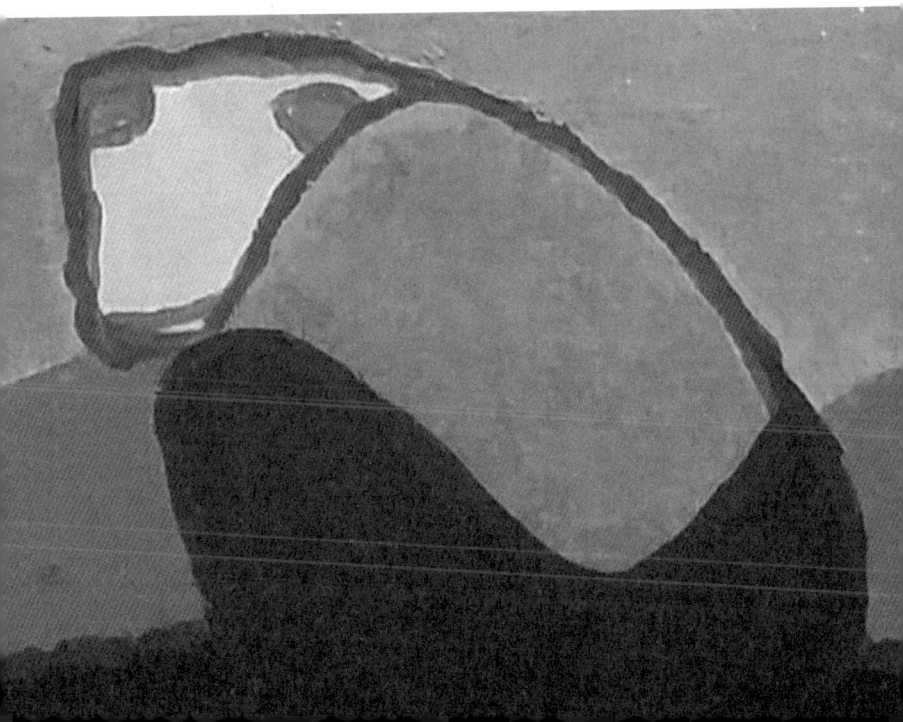

열대야가 극성을 부리던 날, 제부도 스케치 여행에 따라나선다. 제부도는 처음이다. 제부도엔 바다가 없다. 바지락 칼국수, 회, 민박집, 자동차뿐 제부도엔 바다가 보이지 않는다. 바다는 나를 피해 멀리 도망치고 있었다.

구름도 멀리서 나를 바라보고 있다. 바다가 떠나간 자리엔 추적추적 찬비가 내리기 시작한다. 나는 혹시 되돌아올 바다를 껴안으려 방파제 맨 끝 포장마차에 든다. 포장마차 안엔 조가비가 어지러이 널려 있고, 그 위로 빨강, 노랑, 파랑 빛깔의 아주 작고 예쁜 의자가 놓여 있다. 동행한 지은이 어미와 친구가 차례로 앉는다. 나는 옆에 있는 허름한 의자 하나를 끌어당겨 앉는다. 둘러앉은 가운데로 숯불 연기가 피어오르고 그 위로 바다가 채 몰고 가지 못한 어린 생명들이 놓인다. 맛살, 모시, 동죽, 백합, 소라, 대합, 키조개들이 달아오른 석쇠 위에서 새롭게 살아나고 있다.

어쩌면 이 세상에서는 마지막이 될…… 분명한 사실 앞에 최선을 다해 부르는 조가비 형제들의 마지막 합창을 들으며 우리들의 술잔은 빨리 돌아간다. 순간, 굽는 싶은 냄새가 얼굴을 훑어 낸다.

모두의 얼굴은 개펄 색으로 변한다. 지은이 어미의 크고 검은 눈은 그녀의 질그릇 얼굴 위에서 갯여인의 아름다움으로 피어나고 있다. 갯여인이 개펄에서 열심히 시를 쓰듯 어느새 우리도 조가비 위에 바다를 그린다. 제부도에 바다는 없었지만, 다행히 조가비가 있어 예쁜 바다 그림을 그리게 해 준다.

바로 이 섬에서 우리는 가슴속에 파란 바닷물이 차오르는 환희를 맛본다. 발밑에선 추억을 벗어놓은 형제들이 어지럽게 뒹굴고, 다음 손님을 기다리는 또 다른 형제들이 발치의 커다란 들통 안에서 푸른 울음을 토하고 있다. 잡혀온 형제들이 그물 망태기에서 채 풀려나지 못하고 찬비를 맞으며 떨고 있는 것도 보인다. 형제들의 마을은 초상을 슬퍼하는 듯 빗줄기가 점점 세차게 퍼붓는다. 저 멀리서 쳐다보던 구름도 자취를 감추고 하늘은 잿빛으로 낮게 깔려간다. 어린 형제를 잃은 슬픈 울음소리는 가슴을 까맣게 태우고 있다. 두 아리를 둔 아비의 몸에는 가벼운 가려움 증세가 일어나는 듯하다. 어디선가 그르렁거리는 낮은 음성. 다음으로 하늘은 어두컴컴해 오고 천둥번개가 몇 번 세차게 울부짖는다.

　　인간들은 참 잔인해. 글쎄, 소도 잡아먹고 돼지, 닭, 심지어 뱀, 지렁이도, 그뿐인가 영양탕이란 간판을 걸고 개도 잡아먹는대.

　　그건 누위서 떡 먹기고, 들어보니까 큰 배를 만들어 선단을 이뤄먼 바다에 나가 컴퓨터로 어군을 탐지해 고기를 싹쓸이해 간대.

횟감으로 그만이라나. 고기를 부위 별로 잘라 가격도 다르대. 깡통에 통조림까지 만들어 파는걸.

그럼 숨은 어떻게 쉬니?

죽은 놈이 숨은 무슨 숨이니!

머리에 수건을 두르고 두터운 긴 양말까지 신고 무서운 쇠갈고리까지 들고 우릴 수색하고 있다는 거야.

또 자기들의 밭이라나? 육지에서처럼 논밭 말이야.

아 참, 요즘엔 관광차로 사람들을 태워다 부려놓고 애, 어른 할 것 없이 우리를 짓밟는 거지.

인간끼리 죽이고 서로 잡아먹는 거지. 씨를 말리는 거야.

쉿, 조용히 해! 인간들이 온다.

잡혀가더라도 어린애들의 예쁜 목걸이가 되었으면 좋겠어.

이 세상엔 조가비 형제들이 2만 5천 종에 이른다고 한다. 멀리서 바닷물이 석양에 반짝이며 몰려오고 있다. 조가비를 가려줄 고마운 바닷물은 개펄을 덮어가고 바다가 인간을 몰아낸 자리엔 다시 조가비들의 평화스러운 삶이 시작된다.

조개를 구워 먹으며
조가비들의 대화를 귀동냥한 열대의 어느 밤.

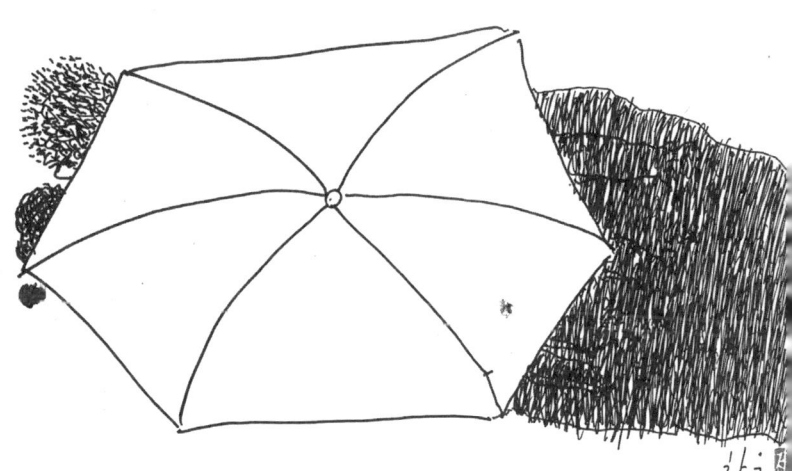

매일 새벽마다 동네 목욕탕에 가는 일이 습관처럼 되었다. 목욕탕 주인 아주머니는 오백 원을 깎아 삼천 원을 받는다. 고마운 마음에 천 원짜리 지폐를 가지런히 펴서 드리면 석류 쪼개지듯 웃음을 지어 보인다. 목욕보다 그 아주머니의 환한 표정을 보기 위해서 가는지도 모르겠다.

그런데 얼마 전 목욕탕에 들렀던 한 손님의 말씀 중에서 좀처럼 놓쳐지지 않는 게 있다. 북한산의 만경대, 인수봉, 백운대로 이어지는 이른바 삼각산의 남쪽 끝자락에는 깎아지른 보현봉이 있다. 치솟은 뫼는 구름과 맞닿아 구름의 뚫린 구멍으로 손이라도 넣으면 간청자의 소망이 곧 이루어질 만한 곳이다. 그래서인지 이곳에는 밤샘기도를 하는 사람들로 늘 붐빈다.

어느 날 정릉 골에 사는 그는 여느 때와 같이 손전등 하나만을 들고 새벽 등산길에 올랐다고 한다. 캄캄한 산길 희미한 불빛이지만 늘 다니는 길이라 별로 무서운 생각은 없었다고 한다. 일선사 뒤로해서 보현봉에 거의 도달했을 때였다. 갑자기 그의 앞에 불빛이 반사되는 물체가 나타났다. 놀란 그는 소리쳤다.

    거 누구요, 미친 사람이요?

그래, 나 미쳤소! 예수에 미친 사람이요.
나는 예수에 미쳤지만, 당신은 뭐에 미쳐 남들 다 자는 밤에
이 곳까지 올라왔단 말이요?

비닐을 뒤집어쓰고 밤새 기도하던 이와 새벽 등산객의 대화는 새봄을 시작하는 나에게 예사롭지 않은 몸짓을 주문하고 있었다. 행불행은 제쳐놓더라도 진정으로 '미칠 수 있음'에 대해서 여러 가지 생각이 든다.

매일 반복되는 아침이지만 오늘 온 아침만은 각별한 아침으로 맞으려는 것도 새가 내려앉을 것 같은 아침이기 때문이라는 어느 시인의 말처럼 대지를 뚫고 생명이 하늘로 솟는 봄, 올봄을 내 인생에 처음 맞이하는 봄으로 소중히 맞고 싶다. 특히 자연의 아름다움으로 보여주시는 봄이란 생각에 소중한 마음으로 몸짓하고 싶다. '주신 분'의 고마움도 깊이 새겨보는 봄이고 싶다. 주시는 분과 받는 이, 보여주는 것과 보는 것, 어떤 존재든 그 존재 이유는 늘 높은 가치로 이어질 것, 그것은 아주 예쁘고도 튼튼한 끈으로 이어져 있는가 보다.

장독 두 개를 새끼줄로 묶었던 사연이 있다. 외지로 나간 자식이 오랜 세월 지나도 소식이 없자 아직 세상 물정 모르는 어린 자식이 낯선 외지에서 끼니나 제대로 때우는지, 밖에서 잠을 자지는 않는지…. 어머니의 걱정은 이만저만이 아니었다. 그래 언제든 좋으니 자식이 돌아와 얼굴을 마주하고 독에 담긴 진간장, 된장을 함께 떠먹기를 기원하는 마음으로 한 독은 당신으로, 또 하나는 자식의 독으로 생각해서 새끼줄을 두 가닥

감았다고 한다.

장난에 팔려 돌아오지 않는 아들을 향해 입을 크게 벌려 아들을 부르는 장면의 형상을 따서 만든 이름 명名자는 저녁 석夕자와 입 구口자라, 저녁은 다 돼 가는데…. 이러한 부모의 마음은 친할 친親자에서도 잘 볼 수 있다. 나무에 기어 올라가 그것도 모자라 서서 멀리서 돌아오는 자식을 한없이 바라다보는 광경은 어떤 색깔의 끈으로 보여 진다.

프랑스의 문학가 롤랑 바르트는 작가는 씨앗을 뿌리는 사람이라고 하였다. 관객들이 자신의 내면으로 가져와 그 씨앗을 키워나간다. 작가가 뿌린 씨앗을 정성스럽게 거두는 것, 그것은 바로 작품을 관람하는 우리의 몫이라고도 생각해 본다. 나 자신 늘 홀로 떠다니며 답답하고 외롭기 짝이 없지만, 보상을 바라지 않는 헌신적 예술 생산만이 나의 존재를 상큼하게 해주리라고 믿는다. 주신 달란트의 보답이란 면에서 열심히 재촉해 보지만 능력의 한계를 느낄 땐 무거운 마음 안타깝다. 흙탕 속의 미꾸라지는 흙을 묻히지 않기 위해 얼마나 날렵하게 몸을 움직였겠는가. 부지런히 몸을 움직여 예술의 숨구멍을 많이 뚫어 인간 영혼의 편안한 호흡을 도와주어야겠다.

올봄, 몸이 자꾸 한쪽으로 기우는 것은 다 이러한 이유에선지도 모른다. 대지를 뚫고 생명이 하늘로 솟는 봄. 이 봄에 무엇이 그토록 나를 그리워하고 있을까.

#
89

　

　

루쉰은 아침에 핀 꽃을 저녁에 줍는다 하고

헤라클레이토스는 같은 강물에 발을 두 번 담글 수 없다고

공자는 인생의 덧없음을 흐르는 강물에 비유했고

테레사 수녀는 인생은 낯선 여인숙에서의 하룻밤이라고

인생 참 짧다

#90

대가大家가 되었다는 것은 오래 했다는 것이다

피카소는 내 이렇게 어린아이 같이 자유롭게 되기까지
50년이 걸렸고

김수환 추기경도 머리에 있던 사랑이 가슴에 내려오기까지
70년 걸렸고

조각가 최종대 님은 미술사로부터 자유로워지기까지
60년이 걸렸다고 한다

내가 좋아하는 그림 가운데 하나인 밀레의 「만종」을 보면 거기에는 해질 무렵 넓은 들판 교회의 종소리를 들으며 하루의 농사일을 마친 부부가 머리 숙여 손 모아 기도하는 모양이 보인다. 이 그림은 세상 사람들이 가슴에 묻고 자주 꺼내보는 명작이다.

만약 밀레가 파리를 떠나 바르비종 시골로 와 두엄 냄새를 맡지 않았다면 이런 작품은 나오기가 쉽지 않았을 것이다.

나는 지난 벚꽃이 활짝 핀 어느 봄날 만종의 두 사람을 꺼내어 쇼팽의 야상곡에 따라 2인무로 춤을 추게 한 한국 무용계의 개척자 조택원(1907-1976)의 작품을 보고 무릎을 딱 쳤다.

    바로 저것이야! 저것!

그림이란 흔히 벽에 걸어 놓고 감상하는 것이 고작인데, 어찌 그림 속의 사람을 꺼내 춤을 추게 하는 아이디어가 나왔단 말인가. 칠십도 훨씬 넘어가는 내 나이에 커다란 정신적 벼락을 맞은 것 같다.

화가 이중섭이 이승을 달랑달랑 다할 무렵, 구상 시인은 검은 장밋빛 피를 몇 양푼이나 토하고 시신처럼 가만히 누워 지내던 하루 이중섭이 병문안을 왔다. 그의 손에는 애들 도화지 한 장이 들려있었다. 거기에는 애호박만큼 큰 복숭아 한 개가 그려져 있었고, 그 한 가운데 씨 대신 조그만 머슴애가 기차를 향해 만세를 부르는 그런 시늉을 하고 있다.

　복숭아, 천도복숭아, 님자 상常이 우리 구상具常이
　이걸 먹고 요걸 먹고 어이 빨리 나으란 그 말씀이지

돈이 없어 시인이 좋아하는 천도복숭아는 사 가지 못하지만, 그림으로라도 그려 친구의 빠른 쾌차를 비는 화가의 마음은 반세기를 지나오는 오늘에도 세인의 마음속을 흐르고 있다. 조그만 머슴애가 기차를 향해 만세를 부르는 모습은 맑은 영혼이 100℃ 희망일 것이다. 그림이란 그린 사람의 생각이요, 미래의 공간 설계임이 틀림없다면 복숭아씨의 자리에 자신의 생각을 주사한 것이 아닌가. 겉보다 속을, 허실보다 진실을, 내면의 세계를 향해 걸으며 인스케이프inscape 하는 한 예술가의 삶을 본다.

모든 아름다운 삶을 위해 나를 즐겁게 해보자. 나를 활기차게 해보자. 그리고 모두를 즐겁고 활기차게 해보자. 그러기 위해 찾아 나서라. 관심하고 발견하자. 세상엔 널린 게 풍경이다. 선택하고 강조하라. 변화과정을 거쳐야 새로운 것이 나온다 복숭아 속에는 한 개의 씨가 있으나 그 씨 속에는 헤아릴 수 없을 만큼 많은 열매가 달린다는 진리를 사랑하고 희망하자.

작은 것, 큰 즐거움

5월의 햇살에 포플러의 연록 향이 유난히도 반짝이고 있다. 모두 맑고 푸른 영혼을 날리며 아름다운 모습으로 새롭게 다가서고 있다.

전라도 강진에 있는 김영랑 시인의 생가 사랑채 주련에는 '비탐안계관임무조지귀非貪眼界觀 林茂鳥知歸'라고 적혀 있는데, 탐욕을 버리면 눈이 훤히 열리는 법이요, 숲이 울창하면 새가 날아든다는 뜻이다. 비운 자에게 행복과 축복이 있으니 아름다운 삶의 모습을 발견하는 것이다. 어두운 삶 속에서도 연록의 계절 5월, 산하에 이름 모를 새들이며 꽃에 이르기까지 생명의 고귀함과 존재가치를 높이 추켜올리자.

흙은 만지는 것이 좋아 한옥에 살고 있다. 작은 한옥에 흙 마당이라야 손바닥만 하지만 올봄엔 '그린'에 대한 욕심이 커져 화단을 조금 더 넓혔다. 이제 좁은 마당은 겨우 사람이 다닐 정도다. 정성스레 거름흙을 만들어 넣고, 우선 겨우내 실내에 있던 파피루스를 내다 심었다. 그리고 아내가 등산길에서 가져온 뿌리가 반쯤 잘린 냉이 하나도 심어 놓았다. 올여름엔 화단이 '그린'으로 꽉 채워질 것을 생각하면 즐거우면서도 한편 뱀이라도 나올까 두렵다. 서로 의지하며 소담스럽게 자라고 있는 모습이 여간 기쁘지 않다.

무엇보다도 우리 집 화단에서 내가 가장 좋아하는 것은 봄철에 피는 민들레다. 오래 전 들에서 캐다 심어놓은 것이 해마다 봄이면 한결같은 모습으로 화단을 노란 바다로 출렁이게 한다. 민들레는 수더분한 것이 특히 우리 민족의 정서에 딱 맞는 것 같아 나의 그림 속에서 자주 얼굴을 내민다. 호박 수세미를 올리던 예년과 달리 금년엔 아주 작은 야생 나팔꽃을 햇볕이 잘 드는 창가 쪽으로 심었다. 꽃잎이 아주 작은 나팔꽃은 여름을 지나 가을까지 곱게 피어 아내의 얼굴을 닮은 주홍빛으로 우리 집의 정서와 소박한 평화를 줄 것이다.

흙이라곤 한 줌 찾아볼 수 없는 딱딱한 콘크리트 틈새에서 이름 모를 세 개의 생명이 서로의 존재를 확인하고 있다. 비록 외롭게 대문 밖에 있지만, 화단 식구와는 동온체질同溫體質로 숨 쉬고 있는 태아와 산모처럼 느껴져 비질조차 하기가 조심스럽다. 그 새로운 생명에게도 물을 뿌려준다. 내가 좋아하는 민들레도 가끔은 시골 농로의 시멘트 틈을 뚫고 나와 곱게 피어 있는 것을 본다. 순간 생명의 고귀함과 끝까지 살아남아야겠다는 강인한 생의 의지를 새롭게 발견하는 것이다.

물질 썩는 냄새가 코를 찌르는 세상, 신나는 것이라곤 별로 없는 어두운 현실에서 조그만 들풀이 우리에게 보여주는 것은 큰 것이다. 작은 일을 통하여 큰 것을 발견할 수 있다는 교훈을 소중히 생각하며 '그린'에 대한 생명 사고를 새롭게 가져볼 때 우리의 삶은 멋과 여유를 지닌 평화와 풍요한 기쁨의 삶으로 좀 더 다가가리라.

우연히 발견한 한 장의 사진으로부터 이번 여행은 시작되었다.

나는 아침에 대문을 열고 나왔다 저녁에 다시 대문을 열고 들어가는 것으로 하루를 끝낸다.
매일 반복되는 일이지만, 어느 날은 대문을 들어서서 현관문이 잠겨 있을 땐 마음에 내키지 않는 키를 돌릴 때가 있다. 집사람이 외출하고 없기 때문이다.

 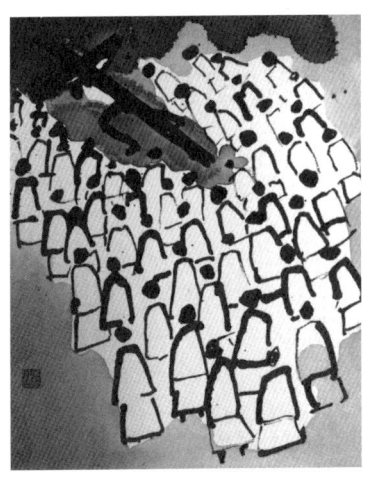

순간 여기저기 널려있는 무표정한 실내 풍경을 바라보는 조용함은 텅 빈 곳의 공허함을 넘어 잔잔한 두려움마저 느끼게 한다. 있음의 소중함을, 없음을 통해 알게 함이란 無를 통한 空이랄까, 空을 통한 無의 인식이랄까, 솔직히 집사람이 없으면 우리 집은 아무것도 아니다. 애들도 그렇고, 나도 그렇다. 나에겐 그녀가 전부다.

지금 이 순간, 그동안 그녀를 이런 공간의 공포 속에 감금했었다는 죄책감이 밀려온다.

나는 집사람 안나와 함께 여행길에 올랐다. 갑년甲年을 맞는 말띠 친구 내외 몇 분과 최기식 신부님을 모시고 성지순례 길에 오른 것이다. 여행을 떠나기 이틀 전 우연히 방을 정리하다가 한 장의 사진을 발견했다. 안나와 함께 찍은 약혼 기념사진이었다. 사진 밑엔 1969년 10월 12일이라고 적혀 있었다. 무겁게 틀어 올린 머리, 길게 뻗은 속눈썹, 눈언저리를 따라 칠한 검정 먹물로 분장된 약혼녀 옆으로 바싹 깎아 세운 머리, 당나귀 뺄쭉 귀에 날카로운 눈매, 어울리지 않게 길게 늘어뜨린 넥타이 차림으로 나는 그녀 옆에 진열돼 있는 것이었다. 확실히 말해서 두 사람은 사전에 전혀 조율되지 않은 모습이었다.

각기 개성 있는 차림의 대결이라고 볼 수밖에 없는 둘은 카메라 플래시에 놀란 표정이었다. 이 촌스럽고 코미디 같은 사진에서 30년 전 우리의 모습이라고는 조금도 찾아볼 수 없는, 혹시 우리를 기억하는 어느 분의 빗나간 정성이라고 보아야 할 사진을 들고 나는 오랜만에 원생대의 웃음을 짓고 말았다. 순간 희미한 영상들이 빠르게 지나가고 있었다.

나는 담배 한 대를 꺼내 들고 마당으로 나갔다. 그리고 지붕 밑으로 길게 뻗어 나가는 박넝쿨을 따라 가득히 널려 있는 빨래에 시선이 멈췄다. 빨래는 아침 햇살에 생명의 빛으로 반짝이고 있었다. 한편, 아직도 물기 젖어 늘어진 빨래에서는 삶의 무게만큼 감춰진 집사람 안나의 굵은 손마디를 어루만질 수 있었다.

그날 밤 10시, 버거운 현실의 울타리를 벗어 날 수 있었음을 무엇보다 감사하며 우리는 인천국제공항을 떠나 첫 목적지 카이로로 향했다. 날아가는 궁전 보잉기는 뜨고 내릴 때를 제외하고는 비행기를 탔다는 느낌은 전혀 없고, 아주 큰 배를 타고 떨어지는 폭포음 속으로 항진하는 느낌을 받을 수 있었다.

두바이에 잠시 들르고는 카이로에 내리기까지 꼬박 14시간이 걸렸다. 대부분의 시간을 억지로 잠으로 때워야 했었지만, 세 차례나 나오는 기내식을 먹을 때와 아내의 담요를 덮어줄 땐 둘만의 따뜻한 정을 느끼는 듯싶어 좋았다. 기내의 좁은 의자 덕인 줄 안다. 곤히 잠든 집사람 옆에서 거의 날밤을 새워야 했던 나는 갑년을 맞아 떠나는 감회가 새로웠다. 모처럼 우리 둘의 작은 행복은 기내의 어둠 속으로 번져 가는 듯싶었다.

서쪽으로, 서쪽으로 길고도 긴 밤의 끝에서 거대한 피라미드는 솟아올랐다. 이번으로 세 번째 피라미드를 찾았다. 20년 전 40대에, 50이 넘어서, 그리고 이번 갑년에, 집사람과 함께 피라미드 앞에 서는 감회는 새로웠다. 처음 피라미드를 보았을 때 거대한 피라미드의 위압감도 잠시, 허기진 사람처럼 눈을 채우려고 날뛰던 기억이 난다.

당시 나는 학생들에게 미술사를 가르치고 있었는데, 때맞춰 피라미드를 현장에서 직접 본다는 것은 큰 감동으로 가슴이 아닌 머리에 지식을 채우기에 바빴다. 현장 검증을 나온 사람처럼 줄자와 저울이 필요했었다. 책에서 익힌 지식을 확인하려고 구슬땀도 잊었다. 안내자의 설명도 하나 놓치지 않으려 바삐 적어 내려갔다. 솔직히 유럽을 처음 보았을 때처럼 피라미드를 몽땅 떠 가지고 올 기세였다.

두 번째로 찾은 피라미드는 빛으로 반짝이는 예쁜 유리병으로 보였다. 사막을 길게 흐르는 나일강은 종려나무의 갈증을 시원히 적시고, 들일을 마친 노새는 주인을 태우고 바삐 집으로 향하고 있었다. 반짝이는 모래 위에 높이 쌓아 올린 거대한 돌산은 석양에 명암으로 녹아내리는 아름다운 풍경이었다. 처음, 펜이 바빴던 것에 비교해 두 번째는 카메라 셔터가 쉴 새 없었다.

피라미드는 열사의 태양 아래 무서운 형벌을 받는 듯 까맣게 타들어 가고 더러운 악취와 아우성치는 소리가 들려오는 듯했다. 권세와 영욕에 살았던 한 시대의 지배자의 썩는 냄새가 진동하고, 선민이 당했던 피 말림의 비통한 울부짖음도 함께 들을 수 있었다. 이런 것은 카이로 박물관에 있는 동태가 된 미라에서도 같은 느낌을 받을 수 있었다.

그들의 수천 년도 넘는 역사 앞에 60년 잣대로 대어보는 것은 어떤 의미를 두어야 할지 모르겠지만, 확실한 것은 피라미드는 오늘 내 가슴 속에서 서서히 무너져 가는 허망의 세월로 자리하고 있다는 사실이다. 이런 나의 기분은 처음 이곳을 와 보는 안나에게 시각의 개방에 방해나 되지 않을까 싶어 아직도 얘기하지 않고 있다.

흔히들 사람들은 살아가면서 산을 만든다고 한다. 내가 만든 산이 비록 낮아 오름 정도에도 못 미친다 하더라도 훗날 내가 끝나는 날 사람들은 뭐라고 말할까. 사하라 최대의 건축물인 피라미드를 돌아보고 내려오는 나의 가슴 속에는 흙먼지가 일고 있었다.

야훼께서 물을 갈라 이스라엘 사람을 건너게 했던 그곳엔 광야의 지평 너머로 사막을 지나는 한 척의 선박이 운하의 물을 가르고 있었다. 광야에 구름 기둥도, 불기둥도 보이지 않았다. 오직 강렬한 태양만이 광야를 달구고 있었다. 길이 있어 걷듯, 억압과 고통으로 울부짖는 이들이 젖과 꿀이 흐르는 가나안 땅으로 향해 걸었던 길을 안나와 함께 따랐다. 끝없이 펼쳐진 광야를 지날 때마다 '나를 따르라'라는 모세의 힘찬 구령과 그 뒤를 따르는 수백만의 승리가가 들려올 것만 같았다. 시나이 남쪽을 향해 줄달음쳐 내려갈 땐 출애굽 대군을 지름길 가데스 바네아를 피해 멀리 시나이 남쪽으로 돌아가게 한 야훼의 큰 뜻을 헤아려 보기도 했다.

예술의 길에서도, 빠른 지름길을 피해 일부러 멀리 돌아가는 길을 택했던 옛 조상의 예술정신도 떠올려 보았다. 빨리 소낙비에 젖으며 얼굴 내밀기에 급급한 요즘 젊은이들에게 이슬비에 천천히 젖으며 걸어가라는 교훈으로 삼게 해주고 싶었다.

밤 2시 반, 시나이 산행은 야반도주 같았다. 그것은 죽음의 저승으로 떠밀리는 무서운 밤이었다. 캄캄한 밤, 왁자지껄 알 수 없는 사람의 손에 끌려 나는 낙타 등에 올려졌다. 확인되지 않은 많은 사람이 나와 함께 끌려갔다. 그런 순식간의 아수라장 속에 나는 같이 간 안나를 잃어버리고 말았다. 차츰 알 수 없는 골짜기로 들어서는데 어둠을 깨는 돌 부딪치는 소리는 이방인의 방언 같은 소리와 함께 더욱 공포로 몰아넣고 있었다. 그런 가운데서도 '두려워하지 말라'라는 천사의 음성을 운 좋게 들어볼까 하는 얄팍한 기대도 해보았다. 하늘에는 수많은 별이 떠 있다.

언젠가 뉴질랜드 들판에서 보았던 별들이나, 중국 천산 너머 초원길에서 보았던 별들이나, 재작년 몽골 고비사막에 나타났던 아름다운 초록별이 아니라, 도망자를 감시하는 초병의 눈빛처럼 또렷이 내려다보는 아주 큰 별들이었다. 돌 잔칫상의 아름다운 색깔들이 먼 기억 속으로 사라지고 병고나 문상 출입을 현실로 살아오면서 천상의 환상 속에서 지옥에 떨어지는 두려움을 느끼는 것도 솔직한 심정인데, 오늘 이 시나이 계곡에서 낙타에 실려 자신을 뒤돌아보게 하는 것은 어이한 곡절인가.

낙타는 안장을 두 손으로 꼭 붙잡고 배겨오는 궁둥이를 좌우로 돌리면서 나의 시선은 어둠 속에서도 안나를 찾기에 바빴다. 지옥에 갈 때도 안나

하고 같이 가자는 심사였던가, 여러 번의 계곡을 지나 산허리를 돌아 오르니 긴장이 조금씩 풀려가면서 벽처럼 높던 산등성이가 시야에 낮게 깔려갈 때쯤 먼저 올라온 안나가 나를 반갑게 맞아 주는 게 아닌가. 홍해를 건넜던 옛 이스라엘 사람들의 기쁨도 아마 이만하지는 못했으리라.

같은 시간 먼발치 눈 아래로 초승달은 산자락을 검은색으로 칠해가고 있었다. 결혼해 산다는 것은 분명 내가 사는 거라지만, 모든 것은 주님 안에 있는 것이라고 말하면서 세상 떠나는 날 영원한 안식처를 안나와 함께 가기를 바라는 진정한 마음인데 오늘따라 시나이산을, 천당인지 죽음인지는 몰라도 각기 따로 끌려서 심판의 길로 들어서게 하는 일은 어이한 운명인지.

여러 번씩 쉬며 칠백 돌계단을 돌아 오르니 벌써 올라온 많은 사람이 산 정상에서 일출을 기다리고 있었다. 먼 하늘엔 황금색 띠가 길게 둘러 쳐져 있고 바람 한 점 없었다. 조용한 분위기로 보아 갑자기 천둥번개가 치고 구름이 덮이며, 큰 음성이 내리기에 딱 좋은 분위기였다. 마침내 태양 빛은 시나이산을 어둠으로부터 걷어 올리고, 바위로만 이뤄진 시나이산은 영산靈山답게 웅장하고 장엄한 오케스트라로 들려줄 것만 같았다. 최기식 신부님을 모시고 산상 미사를 올렸던 추억은 오랫동안 기억될 것이다. 미사 중엔 하느님께 드리는 주문도 많았다. 먼저 간 영혼의 안식을 기원하고, 가정의 건강과 행복을 빌었으며, 간절히 주님께 매달렸던 것은 주변에 건강을 잃고 실의에 빠진 분들의 쾌유를 빌었던 일이다. 살면서 어떤 사람들이 가장 주님 가까이에서 사는 분들일까 하는 생각도 가져 보았는데 바로 이같이 어려움을 겪는 사람들일 거란 신앙적 확신을 할 수 있게 되었다.

'내가 네 힘이 되어주겠다. 이것이 바로 내가 너를 보냈다는 증거가 되리라'라고 한 말씀을 꼭 잡고 의지했다. 평소 나보다 영성이 큰 안나의 기도는 주님께서 꼭 들어주셨으리란 생각에서 안나의 기도를 살짝 들춰보고도 싶었다. 어둠 속에 있었던 두려움도 빛에 쫓겨 도망가고 미사를 통한 가벼운 마음으로 시나이산을 내려올 수 있었다. 모세는 맨발로 십계명을 들려 내려보냈다는데, 오늘 야훼 하느님께서는 안나와 나의 손에 무엇을 들려 내려보내시는 걸까.

오랜만의 산행이었던지라 종아리가 뭉쳐서 여러 날 절뚝거려야만 했지만, 포기하지 않는 믿음으로 40년 고통을 이겨낼 수 있었던 위대한 출애굽의 교훈을 시나이산에서 가까이 접할 수 있었음을 커다란 주님의 은총으로 알고 감사를 드린다. '시나이산이 살아 스멀거리듯, 살아 있는 모든 것은 스멀거림의 기호를 그려야 한다.'

이집트의 누웨이바 항구를 출발, 요르단의 휴양도시 아카바 항구에 이르는 뱃길은 파도 한 점 없이 조용해 신혼여행의 착각을 일으킬 정도였다. 요르단 남쪽엔 아름다운 장밋빛 붉은 도시 페트라가 있고, 근처엔 옛 에돔 왕국이 바위산에 자리하고 있었다. 높은 바위에 독수리처럼 구멍을 뚫고 살며 교만하여, 야훼로부터 저주와 멸망을 받을 수밖에 없었던 사실을 에돔을 통해 야훼께서는 오늘 우리에게 보여주시는 것이었다. 당시 석공의 기술만이 신전 석주에 쓸쓸히 남아 있을 뿐, 에돔은 단지 경치에 불과하지만, 이곳이 옛 동서 교역로의 중요한 지점이었음도 기억하게 해

주었다. 낙타 등에 업혀 시나이산을 오를 때와는 달리 말을 타고 에돔에 들어섰지만, 어딘지 주인 없는 빈집을 들러 나오는 허전한 기분이었다. 풍경으로 남는 에돔에 비해 시나이산은 우리로 하여금 야훼 하느님의 믿음으로 충만케 하고, 기도하는 사람으로 새롭게 태어나게 하며, 늘 영원한 생명의 산으로 우리 안에 자리하리라는 확신을 하게 해주었다.

왕도王道를 따라 차가 달릴 땐 가나안 입성을 앞뒀던 모세 대군에 합류하는 기분도 약간 느낄 수 있어 짜릿했다. 가끔 눈에 띄는 들녘의 베드윈족들만이 옛 광야의 사람들을 대신하여 있는 듯했다. 야훼로부터 선택받은 사람 모세는 믿음이 약한 이스라엘 사람들을 믿음의 인간으로 세우고, 38년간 가데스 광야를 헤매셨다. 그러던 중 므리바 샘에 이르러 지팡이로 반석을 쳐서 물을 나오게 하여 마침내 목마른 이들에게 목을 축이게 해주었다. 그러나 야훼의 말씀을 거역하고 교만을 부렸던 일이 그만 모세 자신의 운명을 결정짓고야 말았던 엄숙한 사실도 므리바 샘에서 새겨 보았다.

야훼께서는 왕의 대로가 아닌 광야를 통해 세렛 개울과 아르논 강을 건너게 하셨다. 아르논 강은 비 올 때만 흐르는 와디wadi로 있었다. 지금은 넓은 벌판인 싯딤 골짜기에 이르러 완성된 믿음을 확신하고 모든 것을 겸손히 야훼께 맡기고 홀로 느보산 정상에 올라 모세는 120살을 마감하셨다. 이스라엘 사람들을 이집트로부터 끌어내 광야를 지나오기 40년! 그 끝은 느보산 정상에서 마감하게 되었다. 하늘도, 별도, 공중을 나는 새들도, 산천초목도 슬피 통곡했을 것이다. 야훼의 뜻은 우리 인간이 알 수 없는 다른 큰 데에 있었던 것 같다. 또한 모세가 120살에 죽게 되는 것은 이미 예정된 운명이었던 것도 같다. 가나안 땅은 멀리서 아련히 손짓하는 듯 내 가슴엔 부슬비가 내리고 있었다.

탄생에서 죽음에 이르는 인생길에서 출애굽은 언제나 우리에게 미완의 교훈으로 남는다. 소망의 인간으로 걸어가라는 메시지이기도 하다. 성급한 확인보다는 멀리서 바라다볼 수 있는 여유와 희망을 지닌 사람으로서, 더러는 틈새도 보이며 비스듬히 서 줄 수 있는 너그러운 인간으로 살아가려는 거울이다.

'기다림의 인생!'

이 얼마나 멋진 말인가. 비움의 미학이 편안함을 주고 완성된 작품보다는 작품을 만들어 가는 과정에서 새로운 가능성을 열게 된다는 사실을 예술작품을 통하여 우리는 잘 알고 있다. 감히 야훼 하느님의 큰 뜻을 알 수는 없겠지만, 출애굽의 길이 멀고도 힘들었던 것은 다 그런 뜻에서였던 게 아닌가. 여정이 더해지며 몸에 피로가 쌓이니 가나안은 곧 가정이란 생각도 해 보게 되었다. 뭐니 뭐니 해도 내 집이 제일이란 생각에서 말이다.

출애굽의 교훈은 그것을 통하여 늘 우리에게 신 출애굽을 강하게 요청하고 있는 것 같다. 일상의 무료함에 새로운 기운과 탄력을 얻기 위해 여행이 필요하듯이 신 출애굽은 우리의 생각과 행동을 새롭게 움직여놓는다. 아들을 통해 아버지가 영광을 받고, 아버지를 통하여 아들이 영광을 입는 하느님 성 가정이 되도록 노력해야겠다. 그러기 위해서는 무엇보다

착하게 살아야겠다고 조용히 생각해 본다. 예수를 닮으려고 노력했던 프란치스코 성인처럼 사랑, 순결, 청빈도 생각하는 사람이 되어야겠다고 다짐도 해본다. '사랑은 외도'란 생각으로 더 넓은 사랑을 가져야겠다.

여행을 입으로 말하는 '빚진 자'가 되지 말고, 아픔을 예습하는 사람으로, 부족한 여인의 입술로, 몸이 불편한 사람의 겸손으로 사는 사람으로 걸어야겠다고 마음에 꼭꼭 눌러 적어본다. 융프라우 동산의 작은 꽃 얼굴들이 귀엽고, 밤하늘의 작은 별이 인간의 사랑을 받듯이 여행에서 얻은

작은 것으로부터 실천하는 사람으로 세워보련다.

빛바랜 30년 전 약혼 기념사진에 내몰린 안나와의 여행이 영성으로 새롭게 태어나고 미완성의 의미를 새롭게 새겨 소망을 잃지 않는 자로 걸어가기를 기원하다. 여정에서 물욕으로부터 눈을 멀리 돌리게 했던 안나의 말 한마디가 왠지 가슴에 가득하다. '지금은 정리할 때요!' 풍장에 인생을 묻을 날도 그리 멀지만은 않은데 날은 빠르게 지나가고 세월에 밀려가는 나는 오늘, 집사람 안나를 잡고 어디쯤 가고 있는지. 야훼님!

나와 안나는 말띠와 쥐띠로 만났다. 좀 거창하게 말해서 우리 둘의 만남은 60억분의 1로 만난 거라고 자주 얘기해 왔다. 지구 위에는 60억이 넘는 많은 사람이 산다니까. 그러니 얼마나 귀한 만남인가. 말과 쥐 사이를 보자면, 말이 먹다 남은 것을 발치에서 한가하게 먹는 게 쥐라며, 풀 뜨는 양 떼 옆에서 피리 부는 목동에 비유하면서 거드름을 피워온 것이 말 쪽인 것은 사실인데, 쥐 쪽에서 보면 사정은 다를 것이다. 말은 쥐에게 대단히 위협적인 존재였을지도 모를 일이니까. 분명한 사실은 말과 쥐는 다르다는 것이다. 생김새와 성격이 다르고, 생각과 느낌도 다르고, 또 살아온 정서가 다를 것이다. 서로 다르다는 것은 얼핏 보면 잘 어울리지 않는 이질감으로 떠올릴 수도 있겠지만, 바로 이런 것들이 우리를 균형 있고 탄력성 있는 삶으로 살도록 한 에너지가 되었을지도 모르는 일이다.

살아오면서 서로가 걸림돌이 되었다 싶으면 인내와 용서로서, 희망을 잃지 않는 지혜도 빌어주며 껴안는 격려와 사랑으로 지내 왔음도 기억할 수 있다. 말이 기름져 가는 동안 쥐는 부지런히 일하는 소로 변해 간 깃이

이제 와 안타깝다. 허기진 되새김으로 위안을 삼고, 쓸쓸한 마음을 감추려고 큰 눈을 감아야 했던 안나는 요즘 초로로 들어서는 나의 건강을 살피느라 더욱 신경을 많이 쓰고 있다.

특별히 순종의 미를 알았던 사람처럼 자신을 스스로 코뚜레 하여 말없이 내 곁을 따르는 안나를 보면 성녀라고 표현할 수밖에 없는 나는 다른 언어를 찾을 수가 없다. 그런 안나가 요즘 와서 더욱 거울 앞에 바짝 다가앉아 있는 걸 보면 그저 미안한 생각으로 짖어온다.

안나와 나는 처음 하얀 종이로 만났다. 살면서 서로는 각기 자기의 종이 위에 그림을 그려 갔다. 점을 찍고, 선을 긋고, 마음의 형태를 그리고 그 위에 아름답게 채색해 갔다. 자기 생각과 감정을 느끼는 대로, 기쁨과 아픔까지도, 또 자신의 기도와 소망까지도 진솔히 그려 갔다. 그런 가운데서도 되도록 긍정적이고 건강한 기쁨을 그리려고 절제와 비움으로 남겨야 했던 일을 우리는 기억 할 수 있다. 5년, 10년, 15년, 이렇게 세월 따라 그려가다 어느 날 우리는 서로의 그림이 닮아가고 있다는 것을 발견하게 되었다.

어색하거나 불편함이 없이 서로가 서로에게 자연스럽게 용해되어 가는 것에 기쁨을 얻을 수 있었다. 부부의 사랑이나 화목함이란 바로 이런 것이던가. 지금은 빛바랜 그림이 되었지만 어색하고 서툴기 짝이 없는 30년 전 약혼기념 사진은 오래전부터 예정된 우리 둘의 합작이 아니었던가 싶다. 세상의 그 어느 것보다 더욱 값진 것이라 여겨져, 작가 소장의 비매품으로 세상 끝나는 날까지 소중히 간직하려 한다.

이젠 몇십 년 그려온 화면이 거의 다 채워진 것 같다. 새로운 화면과 그림의 구상을 위해 우리는 떠나야 했다. 이번 갑년 여행이 어느 때보다 안나에겐 무거운 짐이랑 훌훌 벗어 던지고, 조그만 상처라도 있었다면 말끔히 치유되는 기회가 되었으면 기쁘겠다. 또 그렇게 되기 위해 안나 스스로가 보따리를 풀 수 있도록 옆에서 도와줘야겠다. 지나온 길 끝에서 새로운 길을 여는 저희에게 주님의 자비하심과 보다 크신 은총이 함께 하기를 두 손 모아 기도드린다.

갠지스강은 표정 없이 흐르고

단순한 관광여행이라면 보고 듣고 느끼는 것이 볼거리에 지나지 않고 호기심 충족에 지나지 않는다. 세계를 누비고 다녀도 새로운 전개에 지나지 않는 대상들은 시간이 흐르면 한갓 추억으로만 남는 것, 세상이 넓고 다양하다는 표피적 즐거움을 만족시키면 그만이다.

그러나 그 흔한 관광 일정을 따라 마음 한 장 달리 펼치면 이미 그것은 여행이 아니라 삶의 체험이 된다. 어디에 가 있거나 존재로서 생각하게 되는 모든 볼거리의 대상은 하나의 철학을 낳게 해 준다. 그리고 멀고 먼 여정에서 돌아와 자아에의 귀속감을 터득하게 된다. 그간 어지간히 떠돌아싸다닌 체험의 테두리 안에 담겨 있는 여정의 의미는 그래서 자못 크다. 왜냐하면 내가 가본 곳의 모든 것이 나의 삶과 연결 지어지는 의미 덩어리이기 때문이다.

어느 나라나 나름대로 풍물을 지니고 있지만, 인도는 특히 인상 깊은 냄새와 관습을 풍겨 주는 곳이다. 언제나 만날 수 있는 멀끔한 차이와 릭샤, 인누의 신. 어느 마을에서나 신에게 바치는 꽃과 향은 흔하지만, 이두를 대표하는 것은 갠지스깅으로 십약할 수 있다. 생과 사의 시작과 과정과 끝이 되는 침례의식은 살아서 진행되고 죽어서도 진행된다. 인도인들의 이러한 생사의식은 삶 자체와 절대 분리되지 않는다. 그래서 신비롭고 초월적이다.

성스러운 갠지스강에서 목욕을 하면 모든 죄가 씻기고, 죽어서 재가 되어 강을 흘러가면 윤회로부터의 해탈을 얻게 된다고 믿는 인도의 신앙은 절대 단순 논리로 해결되지 않는 심오함이 있다. 그들의 죽음의 의식과 주검의 처리를 본다. 골목에 늘어선 작은 가게, 순례자, 거지, 수도자, 아이들, 지붕을 넘는 원숭이, 음식과 배설물의 냄새, 삶과 죽음의 심오한 혼돈, 죽음…… 주검을 안고 흐르는 갠지스강의 신성성, 유리된 듯하면서도 모든 것이 죽음으로 끝난다. 따라서 죽음의 의식으로 반복되는 역사는 철학적일 수밖에 없다. 인도인들은 갠지스강에서 태어나 갠지스강에서 죽기를 원한다.

인도 사람들은 다리 하나는 땅에 두고 또 하나는 하늘을 밟고 살아간다. 그러다가 죽으면 땅의 다리를 거둬들이면 그만이다. 그들만큼 죽음에 친숙한 민족도 드물 것이다. 힌두교의 화장터인 가트, 대나무 틀로 된 들것에 천으로 둘둘 말려 실려 온 시체는 이 가트에서 화장된다. 장례행렬 역시 인상적이다. 몇 사람의 장례객이 뒤따르고 웃통을 벗은 사람이 있는가 하면, 큰 소리로 찬송인지 곡인지 모를 소리를 내는 사람도 있다. 하지만 우는 사람은 없다. 주변의 사람들이나 장례객이나 모두 하나같이 서로에게 관심을 두지 않는다. 내가 본 장례객 중에서 여자는 한 명도 보이지 않았다.

벤자민 화환을 시체에 드리우고 갠지스강을 향한 침례 의식이 끝나면 장작더미 위에 시신을 얹힌다. 역시 이때도 우는 사람은 없다. 장작더미에 불이 타오르고 시신도 탄다. 곁의 사람들은 시신이 잘 타라고 긴 막대기로 뒤적거린다. 주위에서는 시신을 뜯어먹기 위해 개들이 기다린다. 결국 시신이 흰 연기를 뿜으며 다 타고나면 그 재를 초벌구이의 붉은 단지에 담아낸다.

생자필멸生者必滅

갠지스강은 표정 없이 이를 받아들이고 흐를 뿐이다.

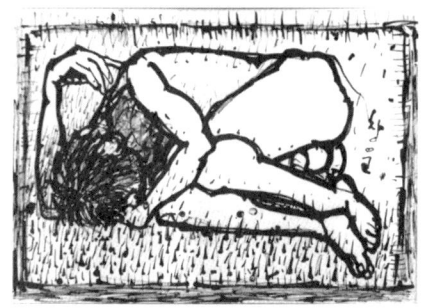

#
95

은영이 아버지는 요즘 화실에 와 있다. 외출하는 일도 별로 없이 거의 하루를 독서로 보낸다. 둘이 같이 있을 땐 커피도 한잔하며 사는 얘기를 나눈다. 그래서 내가 학교 강의에 가고 없는 날이면 그는 매우 적적해한다.

둘이서 한방을 쓰니 늘 붙어 있을 것 같지만, 서로의 일이 다르다 보니 그렇지 못한 게 사실이다. 며칠 전 나는 야외에서 그려온 그림을 정리하고 있었고, 은영 아버지는 전처럼 책을 읽고 있었다. 그런데 갑자기 은영 아버지가 나에게 의외의 주문장을 던지는 것이다.

아영 아빠! 흰 종이에 초록 잎사귀 하나 그려 줘요!
눈이 피로해서.

언젠가 첫눈이 내리던 날 설화雪花에게 눈 오는 걸 알리는 전화를 걸었던 그 책상에서 말이다.

초록새가 눈에는 오아시스겠지만 왠지 '주문장'엔 개운치 않은 여운이 돌아 아직도 그려주지 않고 있다. 시선은 갈잎을 대고 신경으로 샀다지만, 은영이 아버지는 이 계절에 초록 잎사귀 타고 어디로 가고 싶은 것일까? 때는 바야흐로 녹음방초승화시綠陰芳草勝花時 꽃필 때도 좋지만 녹음방초가

더 좋다는 바로 이 계절에 이도령 춘향이의 춘흥春興 한 번 훔쳐보자.

날씨 또한 화창하니, 이도령 글공부 머리에 들 리 없다. 나이가 이팔이요, 정력이 왕성하니 내심이 싱숭생숭하다. 풍월을 읊고 시운時韻을 핑계로 사또께 재가를 얻어 신나는 외출을 하는데 도령은 있는 멋, 없는 모양 다 내고 방자 앞세워 나귀에 올라 광한루에 이른다. 때맞추어 도령의 춘흥을 부추기듯 흰 나비 쌍쌍이 날아 너울너울 춤을 추고 황금 꾀꼬리 숲속을 오가니 이도령 마음 더욱 들뜬다.

마침 건너편에서 향단이 앞세우고 나온 춘향이 그네를 뛴다. 외씨 같은 두 발길로 백운간에 노니니 홍상 자락 펄펄, 백방사 속곳 동남풍에 펄렁이어 박속 같은 살결이 희끗희끗 보인다. 이도령 후끈 달아오르는데, 양반 행세하느라 겹겹 옷을 대님까지 꼭꼭 매고 땀을 흘린다. 마음 같아선 당장이라도 옷을 훌훌 벗고 달려가 안아보고 싶으리라. 도령 시제는 저리 가고 춘향에게 팔려 정신이 없다. 체면 불고하고 도령은
"통인아!"
"예!"
"저 건너 화류 중에 오락가락 희끗희끗 어른어른하는 게 무엇인지 보고 오너라."
중략하고, 도령은 마침내 춘향이를 가슴에 깊이깊이 새겨 불 끄고 잤다는 얘긴데, 이건 역시 녹음방초승화시에 있었던 일이 아니었던가.

가벼운 마음으로 스케치북 하나 들고 가평의 마장 2리 계곡을 찾았다. 비

온 뒤라 계곡은 맑고 깨끗하다. 계곡의 흐르는 물은 은빛 햇살로 니를 안내한다. 계곡을 따라 불어오는 솔바람을 타고 민들레 씨앗이 살림을 내고 있다. 애기똥풀 노란 꽃이 얼굴을 가리고 웃는다. 그 옆에서 잣나무 개꼬랑이가 발정한다. 이름 없는 풀에서 나무에 이르기까지 모두 생명의 신비를 역사하고 있다. 머리를 들어 산자락 보숭이가 빛을 쏘고 있다.

생명의 빛을 쏘고 있다.
청춘의 빛으로 쏘고 있고, 또 활기의 빛으로 쏘고, 활동의 빛으로 일하고 있다. 그리고 그 빛은 영원한 그리움으로 다가오고 있다. 초록은 땅을 밟고 산에서 산다. 초록은 들녘에 있는 풀이나 나무에서 산다. 또 초록은 강이나 호수 같은 물에서 살고 있다. 그러나 하늘엔 초록이 살지 않는다. 아마도 초록은 사람이 있는 땅에서 함께 살고 싶은가 보다.

나는 이제야 알았다. 초록은 인간 눈높이의 색이란 것을. 석양을 지나 계곡의 어두움이 나를 일상으로 밀어낸다. 온종일 나를 빛으로 쏘던 초록을 따라갔지만, 초록은 집지 못하고 다시 초록을 그리워하는 일상의 자아로 되돌아온다. 은영이 아버지가 그리던 초록 잎사귀는 우리 모두의 마음속에서 찾아야 하는 것은 아닌지….

가을엔 전시회가 많이 열린다. 그래서 이 계절엔 유독 전시회를 알리는 각종 팸플릿을 많이 받는다. 팸플릿은 대개 작가의 인사말이나 평지의 글을 앞세우고, 그 뒤로 10여 장의 작품사진을 싣고 맨 뒤에 작가의 얼굴에 경력사항을 기록하는 것이 보통이다.

출생지, 학력, 전시경력 순으로 되어 있어 한눈에 작가의 개략적인 활동 모습을 살펴볼 수 있다. 때로는 '작품소장'이라고 적은 밑으로 자기의 작품이 어디에 소장되고 있다는 것을 알린 것도 볼 수 있다. 이런 경우 개인이 소장한 것은 대개 제외되고, 사회적으로 알려진 큰 미술관이나 지명도 있는 건축물이 앞서기 마련인데 그런 작품 소장이 별로 없는 나로서는 그 난을 관심 있게 보게 된다.

고작 몇 군데 작품을 걸어놓은 나로서는 작품소장이란 걸 적어본 일이 없다. 그런데 오래전에 어느 지방의 한 호텔에 준 그림이 그 호텔 로비에 걸려있어 그곳을 다녀온 주위 사람들로부터 내 그림을 보았다는 말을 듣는다. 그런 말을 듣는 순간 기쁨과 허전함이 교차한다. '작은 것이 아름답다'라는 진실 앞에 작고도 작은 일부터 사분히 관심해야겠다고 생각하며 살아오는 내 작품 앞에서 오늘도 열심히 캔버스를 긁어 본다.

가끔 그림을 '찌개 끓이기'에 비유해 생각해 보는 일이 있다. 그려야겠다는 산출적 기분이 떠오르면 여기에 걸맞을 각종 재료와 형식을 넣어 찌개라는 내용으로 빚어지는 것이다. 되도록 즐거움을 줄 수 있는 그림으로 있고 싶지만 닫힌 공간을 열고자 하는 마음뿐 늘 생각에 미치지 못하는 게 사실이다.

쉽게 보아 그림이란 배 아파 낳은 새끼임에 틀림이 없고 그렇게 산고를 치른 것이라 온통 사랑과 애정을 줄 수밖에 없다. 그림을 남에게 준 경우, 그것도 돈하고 바꾼 날, 나는 밤늦도록 술을 마셨다. 돈이 생긴 기쁨에, 딸 팔아 술 사 먹은 아픔에, 그리고 허전한 마음 달래느라 마셨다. 그림을 판 날이면 나는 대체로 만취가 되어 집으로 돌아온다. 내 그림이 작품 소장의 원로화가처럼 굵직한 미술관엔 걸리지 못하더라도….

다정한 가정의 좋은 벽면에 걸려 옷도 갈아입히고, 먼지도 털어주는 사랑받는 그림으로 있기를 원한다. 그 집 식구가 밥 먹을 땐 같이 먹고 잠잘 때도 같이 자고 또 외출할 때도 함께 외출하는 그런 그림으로 있기를 바라는 마음이다. 시집간 딸이 시댁의 어른과 남편의 사랑을 많이 받고, 아들딸 낳고 잘 살기를 원하는 친정 부모의 마음이라고나 할까.

그런데 어찌 된 일인가. 늦가을 볕이 한창인 어느 날 한 여성 화우로부터 의외의 말을 들었다. 내 그림이 시내 한 유명 호텔의 지하 여성 사우나에 걸려있다는 것이다. 10호가 채 안 되는 작은 백합꽃 유화라고 한다. 나는 곧 오래전에 그렸던 그림을 떠올릴 수가 있었으며, 희미한 기억 저편에서 누군가에게 그림을 주었던 걸 생각해 냈다. 작품소장 작가는 못되더라도 하필이면 내 그림이 여성 사우나에 있다니. 오래전에 시집보낸 딸이 시댁의 구박을 받아 이곳 사우나에까지 온 것은 아닌지 도무지 궁금하기 짝이 없다. 여장하고 달려가 금방이라도 만나보고 싶었다.

작품이란 그것을 낳은 작가의 정신과 생활거지生活擧止가 들어있는, 곧 작가의 분신이다. 그렇다면 볼 수 있는 눈과 들을 수 있는 귀도 있는 것이다. 여성 사우나에 걸렸다는 야릇한 기분도 잠시, 나의 그림은 살아서 움직이기 시작한다. 사우나란 몸을 깨끗이 하고 마음을 휴식하는 곳, 가장 편하고도 자유로운 몸을 하는 곳인데 내 백합의 눈은 여인들을 골고루 사열하고 있을 것이다. 이게 웬 천복이란 말인가. 훔쳐보고 싶은 참을 수 없는 충동이 인간의 본성에 있다면 나는 그것을 운 좋게 이뤄보는 기회를 얻은 것이 아닌가.

아무도 알아차리질 못하는 사우나의 사각 공간에서 백합꽃과 알몸 여인의 은밀한 조우다. 12월! 몸과 마음을 깨끗이 청소하고 새해를 맞을 준비를 하는 달, 그래서인지 12월의 여성 사우나는 유난히도 붐비게 마련이다. 사우나에 걸린 나의 백합꽃 눈은 맑은 여인의 마음을 들여다보고, 귀로는 그들의 미담만을 판막에 새기고 있다. 청소한 몸, 비운 마음은 백합의 순결처럼 희고 맑다. 여인의 몸은 어느새 무중력 상태로 우주유영을 하듯 가벼이 피어올라 하나둘씩 백합꽃 안으로 들어온다.

누구의 권면도 없이 순백의 질을 향하는 천지의 오묘함을 보는 순간이다. 봉우리 터져 벌린 흰 꽃잎 안으로 암술 둘레로 수술은 에워싸고 참사랑을 잉태하는 성림_{聖林} 속으로 마음을 비운 여인들을 청하여 편히 앉힌다. 백합의 암술은 이들을 수정액으로 발라 백합을 닮은 여인으로 만들어 삶의 여유와 향기를 지닌 아름다운 여인으로 만들어낸다. 백합이 되어온 어머니를 본 아이들은 백합꽃을 사다 병에 꽂는다. 어느새 그 향기는 너와 나를 백합으로 만든다. 인공 사우나나 마사지도 좋겠지만, 백합꽃 그림을 걸고 백합꽃 사우나도 함께 하는 일거양득의 기쁨이라니….

백합꽃, 그 신성한 이름, 속화된 현실을 정화할 몫으로써 '백합탕'이 생겼으면 좋겠다. 새해의 여인들은 밤을 지나온 이슬처럼 정갈한 여인이 될 것이니, 새해엔 백합꽃을 그려보고 싶다. 아니, 나 스스로 백합꽃이 되기 위해 붓을 다잡을 것이다.

화폭 위에 멈춰선 꽃잎이 아니라, 저 깊은 지맥 속에 뿌리 굳건히 박은 채 창공을 향해 손을 벌린 백합꽃. 꽃은 말하지 않지만 우리가 그의 아름다움을 찬미하듯이, 백합 향으로 하나가 된 이 지상 위엔 순백의 교감만이 남겨질 것이다. 내 그림이 사우나에 걸려 있다는 그 우연한 풍문이 마침내 나와 내 그림을 하나로 이어줄 줄이야.

서울을 떠나 처음 앵커리지를 경유하는 북극권은 환희의 은백색과 무서운 공포의 공간이었다. 속도감이 없는 기내에서 인식된 경험의 공간이 아닌 또 하나의 새로운 공간을 맛보게 하였다. 그것은 무한한 공간에 아주 작은 입체 덩어리가 마치 꿈꿀 때처럼, 아니면 줄 끊어진 풍선처럼 높이높이 날아오르는 듯한 경지였다. 비행기는 확실히 날아간다는 개념은 없고 그저 존재할 뿐이었다. 정지된 상태였다가 가끔은 무한한 공간 깊이를 뚫고 가는, 마치 추어탕 집의 두부 속에 박힌 미꾸라지랄까 그런 걸 연상하게 했다.

태양은 머리 위로 떠서 서산으로 지는 줄로만 알았는데 이곳에선 어찌 된 일인지 수평만을 계속 유지하고 있었다. 땅에서 솟아나는 구름은 반대로 물속으로 거꾸로 빠져들어 가는 듯했다. 확실히 땅에서의 경험과는 전혀 다른 것이었다. 여름방학을 서울 집에서 보내고 돌아가는 여고생 차림의 어느 유학생을 보면서 부러워했다. '나이 마흔에 가까워서야 파리행이 아닌가!' 홈런을 치고도 멍하니 배트 박스에 서 있는 야구 신수 같다고나 할까. 공항을 떠날 때 기분이다. 파리에 무사히 도착해 그 유명한 몽마르트르 고개 마루턱에 있는 Hotel des Arts에 여장을 풀었다. 고개 위로는 옛날 풍차가 그대로 보이고, 아래로는 이삼 분 거리에 그 유명한 환락가 삐갈과 물랭루즈가 있다.

파리를 가보지 않고는 말하지 말라.

여행자, 건물, 자동차, 휴지, 젊은이, 자유와 낭만…… 센Seine의 연인들, 순간이 아닌 영원, 파리는 꽉 메워져 한 치의 틈도 없다. 파리는 만원이다. 파리는 젊은이를 위한 도시, 거리를 걸으면서도 키스를 하고 성당 입구 계단에서도 메트로 안에서도 키스를 한다. 비둘기 새끼처럼 남들의 시선은 문제가 아니다. 내가 있을 뿐이다. 늙은이들은 불쌍하게도 공원이나 성당만을 찾고, 거리와 골목을 메운 자동차들은 온전한 것이라곤 볼 수 없을 정도이다. 여기저기 부딪혀 우그러지고, 갈라진 유리를 기울 생각이 아예 없는 듯 종이나 테이프로 붙여놓은 차들, 차 번호판도 한쪽만을 끈으로 맨 채 기울어져 있다. 우리네 운전자들이 매일 한 시간씩이나 들여 세차하는 것과는 거리가 먼 이야기다. 확실히 파리 사람들에게는 자동차가 생활의 이기利器라는 것을 알게 해 준다.

파리에서는 아이들을 별로 볼 수 없다. 파리의 여인들은 어린애 갖기를 원치 않는 대신 개를 무척 좋아하는 것 같다. 어디를 가든 한 마리 또는 두세 마리의 개를 끌고 다니는 풍경을 볼 수 있고, 택시 안에서도 운전사 옆은 개의 자리로 지정할 정도로 개를 자기 자식처럼 위하며 살고 있다. 불쌍한 강아지들.
자유롭게 뛰는 개는 볼 수 없고 줄에 매여 주인과 함께 걷는 개뿐, 파리의 개들에게는 개성이 없어 보인다. 4, 5층 방에서 지붕 밑 방에서, 베란다에서 자고 먹는 개들, 그곳이 개들의 놀이터다. 한 군데 머물러 쇠우 사방을 둘러보면 꽉 찬 5, 6층 건물들, 파리 거리의 모습은 거의 비슷하다. 그러나 건축과 함께 정성 들인 부분 부분 조각들. 비에 젖는 거리의 조각품들이 안타깝고 그림은 나의 입을 딱 벌리게 한다. 오늘, 파리의 영광을 가져온 주인공들은 이제 파리 시내에 고이 잠들고 있다. 오늘의 파리는 조상을 팔아가면서 살고 있는 듯한 인상이다.

파리 조상 만세!

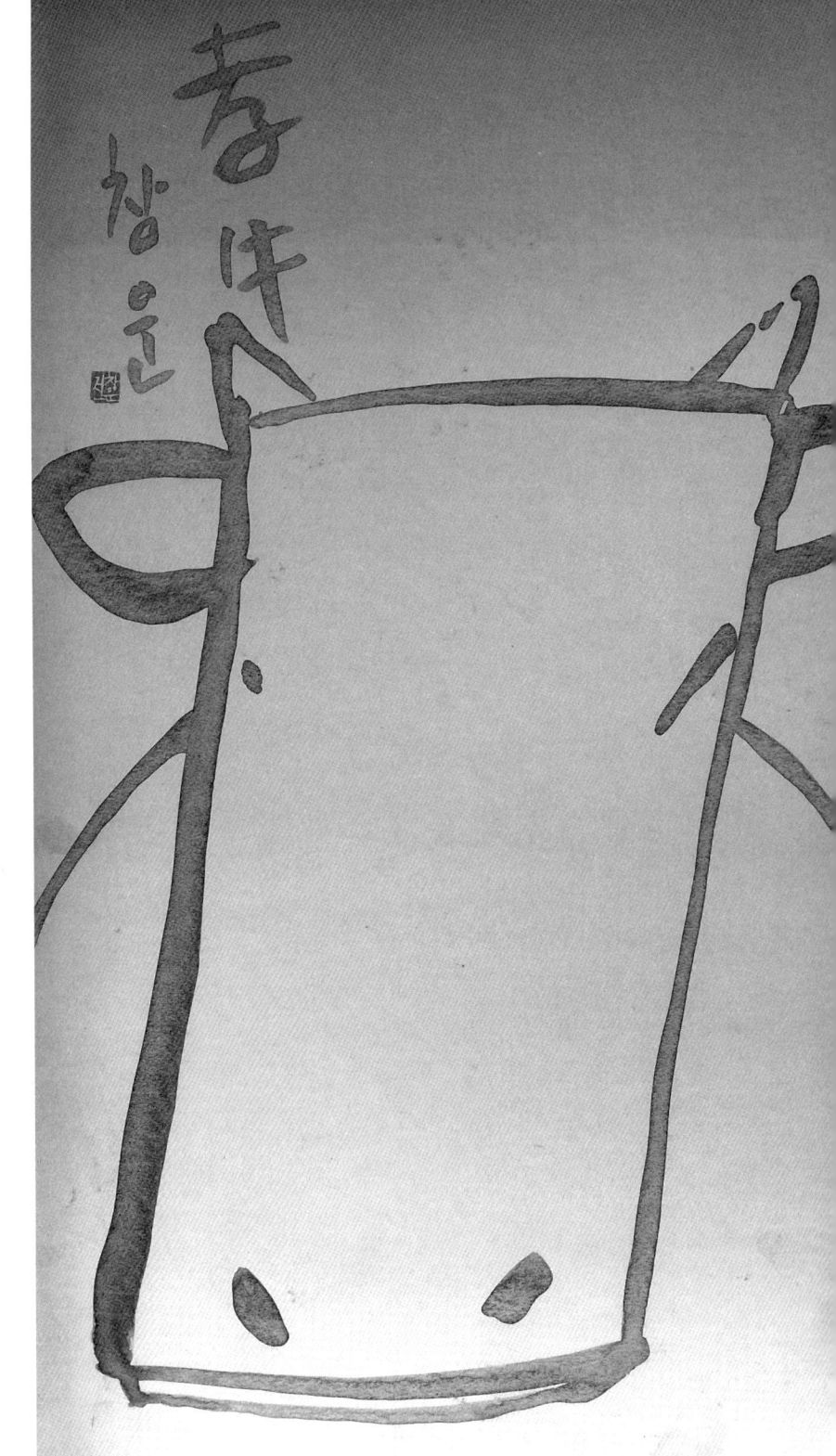

갠지스 사람들

갠지스 강가에서 한 시체가 타고 있는 것을 본다. 그리고 강을 따라 오르는 영혼을 붙잡고 당신은 어디서 와서 어디로 가고 있느냐고 묻는다.

나는 지금, 왜 갠지스 강가에 앉아 있는가, 무엇이 나를 이곳까지 데려다 놓았으며 이곳에서 무슨 생각에 잠겨 있는 것인가. 오래된 건물이 빽빽이 채워져 있는 어두컴컴한 골목길을 삼륜 릭샤에 실려 어제도 왔던 *강가Ganga를 새벽의 어두움이 채 가시기도 전에 다시 찾아온 것은 무엇 때문인가.

바라나시는 처음 황갈색의 불덩어리가 돌아가는 태양 밑으로 뿌연 먼지와 함께 희끗희끗한 물질들이 서로 섞여 아른거리는 다소 흥미 있는 도시로 나를 끌어들인다.

바라나시는 시원한 뭄바이 비치와 진록의 야자수 사이를 걷던 오렌지색의 강렬한 사리 연인의 인상과는 대조적이다. 오래된 흰 닝의 일기상을 넘기는 기분이다. 서둘러 호텔을 빠져나와 대기하고 있는 인력거에 올

---

* Ganga : 인도에서 가장 성스러운 강으로 여겨지는 갠지스강을 상징하는 여신이다. 힌두교에서는 강가잘(Gangaajal 갠지스 강물)은 죄를 정화하는 강력한 힘이 있어서 그 물로 목욕하면 죄와 입이 씻겨나가며 생사의 반복에서 벗어낼 수 있다고 믿는다. 또 죽어서 갠지스강에 재를 뿌리면 그 영혼이 열반에 들 수 있다고 여긴다.

라 시내 구경을 나선다. 페달을 밟아서 가는 인력거는 뒷좌석이 높아 거리 구경엔 제격인 듯싶다. 인도의 어머니로 불리는 뿔이 긴 소들이 한가롭게 오가는 거리를 많은 사람과 자동차가 뒤섞여 먼지와 매연 속으로 흘러가고 있다. 갠지스를 찾는 순례자와 관광객들이 떼 지어 사이사이를 잇는다. 밤새 줄지어 자던 거지들이 떠나간 자리엔 인근 교회에서 새벽부터 몰려온 상인들로 노점을 이룬다.

슬리퍼 맨발 차림의 사리 여인의 커다란 눈동자는 검붉은 얼굴 위에서 소망으로 맑게 빛나고 있다. 언덕길을 오를 때 인력거에서 내려 함께 밀면 금세라도 동심으로 돌아가 주인과 객이 하나 되는 기쁨을 얻는다. 내리막에서의 인력거는 아이 업은 어미 마음으로 가볍게 달린다. 상쾌한 바람이 두 사람의 얼굴을 가볍게 스쳐 간다.

바라나시의 큰 시장이 가까운 곳에 시바링가Shiva Linga의 남근에 바쳐질 꽃들이 손님을 맞고 있다. 한낮을 지나, 나는 걸어서 시장 언덕길을 오르고 있다. 그때 갑자기 흰 옷 인파를 뚫고 괴상한 물체가 튀어나오는 것을 본다. 놀랍고 섬뜩한 느낌마저 든다. 그것은 어느 죽은 영혼을 나르는 장엄한 행렬이다. 빨간 헝겊으로 둘둘 말아 대나무 들 것에 고정하고 웃통을 벗어젖힌 남자들이 어깨에 둘러메고, 마치 죽은 자가 그들의 목적지를 원했던 것처럼 태양이 지고 있는 갠지스를 향하고 있는 것이다. 들것 위에 놓인 금진회 꽃이 슬픈 영혼을 달래줄 뿐, 뒤를 따르는 상주와 호상객은 슬픈 표정이 안 보인다. 거리의 사람들도 무표정하기는 마찬가지다.

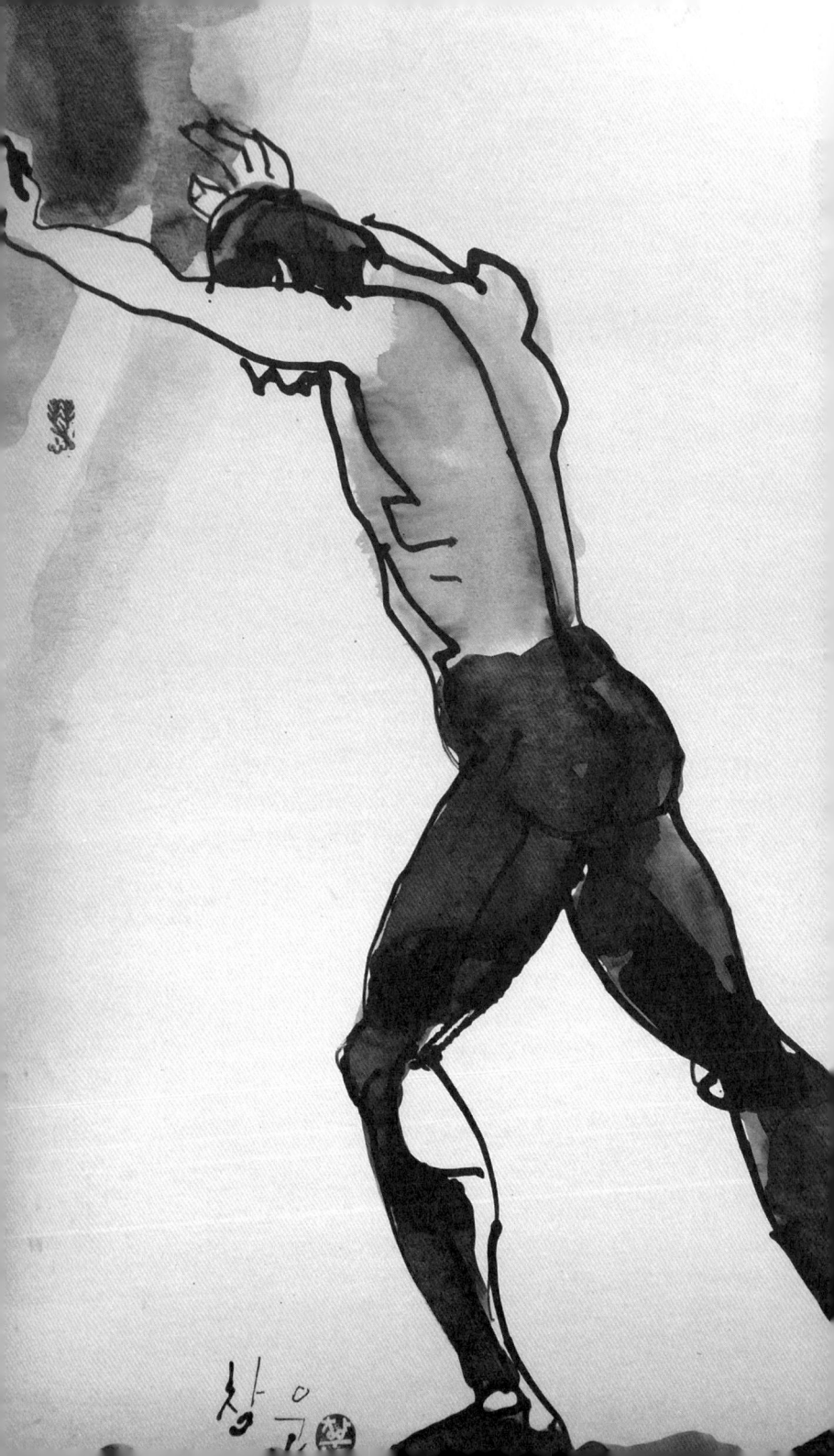

찬송가인지 알 수 없는 노래를 큰 소리로 불러대며 죽은 자는 신성한 강가로 마지막 순례를 떠나는 것이다. 그날 밤 자정이 넘어 나는 숙소에서 그리 멀지 않은 기차역으로 달려간다. 역전 희미한 외등 밑으로 낮을 잊은 릭샤가 주인과 함께 편히 잠들고 있다. 역사 안에 새벽 기차를 기다리는 사람들이 긴 헝겊을 뒤집어쓰고 사막의 암석처럼 숨을 쉬고 있다. 같은 시간에 갠지스의 강가도 휴식을 한다. 아침이 밝으면서 먼 데로부터 운반되어온 시체들이 가트에서 불타고 있다. 고약한 냄새와 함께 연기가 하늘로 오른다. 영혼은 강을 따라 거슬러 올라가 죽은 자들의 평화로운 안식처로 안내된다.

어느 영혼은 소가 되어 거리를 배회하는가 하면, 더러는 강물 위로 둥둥 떠다니고 있다. 그 옆에서 산자는 낚시를 하며 즐기고 있다. 강가엔 임종을 기다리는 인생이 누워 거룩한 죽음을 성강聖江에서 맞으려 하고 있다. 이 인생을 영혼에 이르게 할 스카이랜턴Sky Lantern이 환히 비추고 있다. 바라나시의 갠지스는 거리의 구경거리에서 벗어나 생과 사의 근원을 가르쳐 주는 커다란 도장이었다.

#
99

윤동주의 「서시序詩」를 옮긴다

"
죽는 날까지 하늘을 우러러
한 점 부끄럼이 없기를
잎새에 이는 바람에도
나는 괴로워했다
별을 노래하는 마음으로
모든 죽어가는 것을 사랑해야지
그리고 나한테 주어진 길을
걸어가야겠다"

오늘밤에도 별이 바람에 스치운다

내 그림의 일생도 별이 총총한
밤길이었구나

100

서산대사 해탈 시解脫 詩

근심걱정 없는 사람 누군고
출세하기 싫은 사람 누군고
시기 질투 없는 사람 누군고
흉허물 없는 사람 어디 있겠고

가난하다 서러워 말고
장애를 가졌다 기죽지 말고
못 배웠다 주눅 들지 마소
세상살이 다 거기서 거기외다

가진 것 많다 유세 떨지 말고
건강하다 큰소리치지 말고
명예 얻었다 목에 힘주지 마소
세상에 영원한 것은 없더이다

잠시 잠깐 다니러 온 세상
있고 없음을 편 가르지 말고
잘나고 못남을 평가하지 말고

얼기설기 어우러져 살다가 가세
다 바람 같은 거라오
뭘 그렇게 고민하오
만남의 기쁨이건
이별의 슬픔이건
다 한순간이오

사랑이 아무리 깊어도 산들바람이고
오해가 아무리 커도 비바람이라오
외로움이 아무리 지독해도 한밤의 눈보라일 뿐이오
폭풍이 아무리 세도 지난 뒤엔 고요하듯
아무리 지극한 사연도 지난 뒤엔
쓸쓸한 바람만 맴돈다오

다 바람이라오
버릴 것은 버려야지
내 것이 아닌 것을 가지고 있으면 무엇하리오
줄 게 있으면 주고 가야지 가지고 있으면 뭐하리오
내 것도 아닌 것을
삶도 내 것이라 하지마소
잠시 머물다 가는 것일 뿐인데
묶어 둔다고 그냥 있겠소

흐르는 세월 붙잡는다고 아니 가겠소
그저 부질없는 욕심일 뿐
삶에 억눌려 허리 한번 못 피고
인생계급장 이마에 붙이고
뭐 그리 잘났다고 남의 것 탐내시오

훤한 대낮이 있으면 까만 밤하늘도 있지 않소
낮과 밤이 바뀐다고 뭐 다른 게 있소
살다보면 기쁜 일도 슬픈 일도 있다마는
잠시 대역 연기하는 것일 뿐
슬픈 표정 짓는다 하여 뭐 달라지는 게 있소
기쁜 표정 짓는다 하여 모든 게 기쁜 것만은 아니오

내 인생은 내 인생
뭐 별거라고 하오
바람처럼 구름처럼 흐르고 불다 보면
멈추기도 하지 않소
그렇게 사는 것이라오

삶이란 한조각 구름이 일어남이요
죽음이란 한조각 구름이 스러짐이라오
구름은 본시 실체가 없는 것
죽고 살고 오고감이 모두 그와 같으오

#101

감정의 집시

이 세상을 내 잔칫상이라고 바라보세요.
정말 즐겁기만 하지요.

어려서 엿이 먹고 싶으면 밑을 내려다보았다. 검정 고무신을 주어야 엿을 먹을 수 있었기 때문이다. 할머니께서 사주신 고무신은 좀처럼 닳지 않아 커다란 돌에 비벼댔던 기억도 생생하다. 어려웠던 시절의 추억이다. 그 후 세상은 많이 변했다. 물질 썩는 냄새가 진동하는, 속으로 허우적거리며 걸어가는 요즘이다. 그러면서 컴퓨터라는 요술 상자가 우리 앞을 막아서고 있다.

얼마 전 일간신문에 세계 최고층 빌딩이 말레이시아에 세워졌다는 기사가 실렸다. '페트로나스'라는 빌딩인데 착공한 지 5년 6개월 만에 완공해 차도르를 쓴 말레이시아 여인들이 빌딩 앞을 걸어가고 있는 것이다. 쿠알라룸푸르에 있는 이 타워는 지하 6층 지상 92층 쌍둥이 빌딩으로 상층부 첨탑을 포함 지상 452m로 현존하는 빌딩 중 세계 최고층이다. 윌리스 타워(443m)보다 9m가 높다 하니 현대 건축술의 놀라움을 보는 것이다.

내가 중학교 다닐 때까지만 해도 외우는 것이 많았던 것으로 기억된다. 특히 외래어 표기엔 몇 번이고 소리를 내어 외우곤 했다. '세계 3대 미항은? 세계에서 제일 높은 산은? 제일 높은 빌딩은? 시험 문제에 나와 정답이라도 맞추는 날이면 흐뭇해하기까지 했던 일이 우습다. 그중에서도 엠파이어스테이트 빌딩을 외는 것이 힘들었다. 엠파이어까진 매끄러운데 다음 스테이트로 이어지는 게 순조롭지 않았다.

이제는 힘들여 외웠던 세계 최고의 엠파이어스테이트 빌딩이 최고층에서 밀렸다는 아쉬움에 며칠 전 인터넷으로 자세한 것을 알아보았다. 이것저것을 찾던 중, 그처럼 높은 빌딩이 1년 4개월 만에 완공될 수 있었다는 사실에 적잖이 놀라게 되었다. 뉴욕 맨해튼의 엠파이어스테이트 빌딩. 1930년 3월 17일 착공, 1931년 5월 1일 완공하기까지 1년 4개월이 걸렸다 한다. 일주일에 4층씩 올라갈 정도로 빨랐다. 1층에서 102층 1,860계단, 창문 6,500개, 빌딩 무게만도 365,000t, 공사비 4,100만 달러, 건물 높이 448m(텔레비전 방송 안테나 포함), 102층까지 381m로 나와 있다. 완공 시 후버 대통령이 워싱턴에서 버튼을 눌러 뉴욕의 이 빌딩에 점화 등을 밝혔다고 한다. 철강 산업이 크게 발달했던 당시인지라 동유럽 및 이탈리아 등에서 싼 인력을 끌어들여 1년 4개월이란 최단기간에 건축할 수 있었던 것이다. '문패'만 외우던 때에 비교하면 인터넷에서는 다양한 세계를 경험할 수 있는 공간이 쉽게 펼쳐지고 있다. 새삼 편리한 세상을 실감해 본다.

2천년 정보화 사회 이후에 닥쳐올 꿈의 사회에서는 기술보다는 창조적 문학예술이 더욱 큰 힘으로 나타날 것이라는 미래학자들의 예언을 새겨본다. 인터넷의 악용이나 살아남기 위한 이기심의 조장 등 경계해야할 사실도 많다는 것을 이미 잘 알고 있다. 새로운 밀레니엄 시대를 걸어가며 비포 '컴퓨터를 넘어서'란 진정 아름다운 새 세상을 또 맞이할 수 있게 될 것이다. 초록빛 반짝이는 풀밭에 누워 한가롭게 피리를 불고 있는 목동을 떠올려 보면서 말이다.

#
103

재주가 많으면 그림 못 해!
좀 둔하고 꾸준히 해 나가는 사람이어야 돼

화가는 자유로워지고 싶어 하지

미래의 자유를 얻기 위해서는 희생이 필요해

기왓장을 놓고 내기 활을 쏘면 잘 맞고
황금을 놓고 활을 쏘면 마음이 혼란해진다.

무릇 외면적인 것을 중시하면
내적인 것에 허술해질 수밖에 없다.

영화 서편제에서
소리꾼 딸을 만들기 위해 눈을 멀게 해 '한恨'을 품도록 했다.
우리의 노랫가락은 한의 소리이기 때문이다.

아버지는 딸에게 주문한다.

"恨을 넘어야 제 소리가 나온다."

곡즉전曲則全

무심無心에서 생기는 내면의 힘!

겉으로 허세 부리는 공격 자세를 압도한다.

그림은 붓을 자연스럽고 순간적으로 움직여 그려야 한다.

육중한 바위는 바람에 움직이지 않는다.

지혜로운 사람은 남의 칭찬과 비난에 흔들리지 않는다.

노자는 사물을 갓난아이처럼

새로 태어난 송아지처럼 보라 하였다.

안중근은
일일불독서 구중생형극—日不讀書 口中生荊棘
하루라도 책을 읽지 않으면
입안에 가시가 돋는다고.

아프리카 격언에 보면
거대한 도서관이 없어진다는 것은
지혜로운 노인 한 분이
돌아가시는 것과 같다고 한다.

어두운 것을 밝음으로 보는 혜안慧眼이 있는 이

그가 발을 대는 지구상의 어느 모퉁이
거기 굴러 있는 돌멩이 하나
이름 없는 풀에서도 홀연히 생명감이 감돈다

이런 모든 찬사를 아낌없이 받는 이(전창운)의 마음에
늘 하느님의 은총이 함께 하시므로 더욱 많은 사람이
그의 눈물로
예술로
가슴으로 위로받기를 기도드립니다 [노소남 드림]

#
108

빈 방엔 아무 것도 없다

빈 방에 그림을 걸으니
오는 사람이 있고 가는 사람이 있다
그림 향(香)에 묻혀 오감에 세상사람 환하다

훌륭한 지도자는 말을 삼가고 아낀다
그럼은 훌륭한 시노자란 생각이 든다
말없는 사람에 입 빌려 주고 듣지 못하는 이에게 귀 빌려 준다

누드를 앞세우고 시큰둥한 사람이 있다면 좀 이상한 사람이다.
누드 앞에서 생각 없이 바로 그려 들어가는 사람도 걸작을 낳기에는 좀 부족한 사람이다.

누드 앞에서
얼굴이 벌겋게 달아오르고
숨이 가빠오고
누드와 정면으로 눈을 마주치기 조심스러운 사람
가슴이 뛰고
앉았다 일어나 밖으로 나가 한 번쯤 자신의 마음을
조율하고 들어오는 사람
뜻밖의 정경에 다소 놀란 마음의 소유자
그런 사람이 좋은 누드 그림을 건질 수 있다.

뜻밖의 정경은 떨림이요, 사랑의 시초이다.

누드를 사랑으로 접근해야
누드는 나의 누드 그림을 사랑으로 만들어 줄 것이다.

벌판 끝에서 홀로 저물고 있는 빈집

빈방 안에 뭉클뭉클 밟히는 뿌리들

생명의 씨앗을 키워 올리는 사람을 사랑한다

커다란 숲을 이룰 거란 믿음이 간다 [이경교]

새로운 생각은 새로운 장소를 요구한다
지루한 일상을 벗어나 야외나 먼 곳으로 나가고픈 마음이
어디 나쁜이든가

늘 여기가 아닌 곳에서는 잘 살 것 같은 느낌
어디론가 옮겨가는 것을 내 영혼은 언제나 환영해

고요와 푸르름을 사랑할 줄 하는 화가
자연이 너무 아름다우면 게을러져

우리나라 자연은 내 것으로 표현하기에 적절해

자신의 그림에 자신의 진정성을 넣는다면
아마 세상 사람들을 쉽게 이해시키고 감동하게 할 것이다

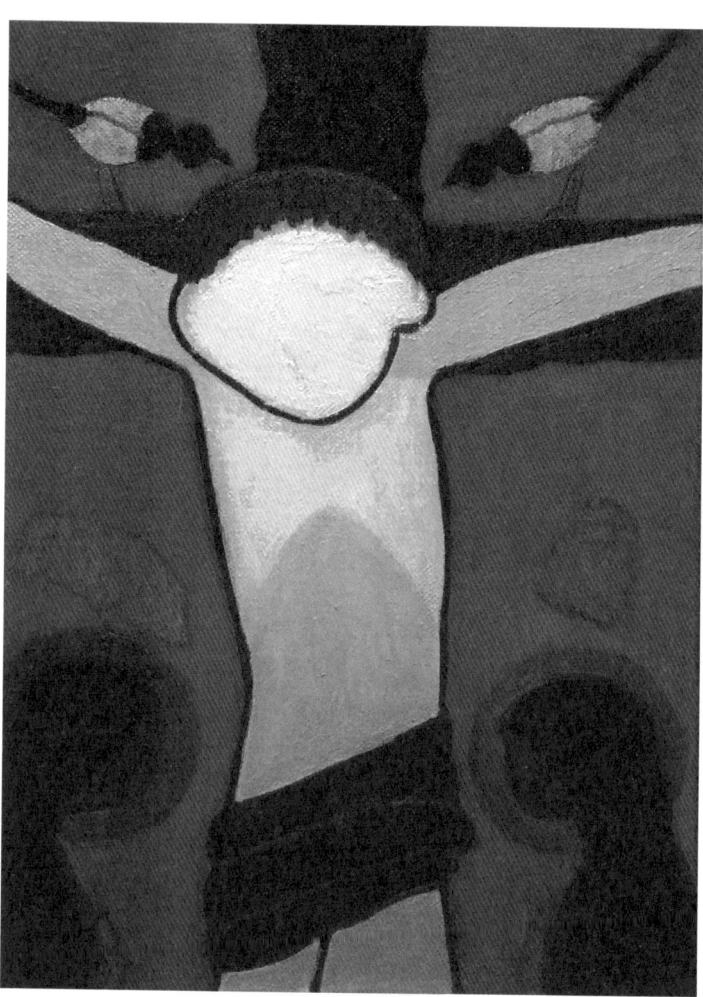

영국의 윌리엄 호지스는 탐험가 선장인 제임스 쿡을 대동하고
타이티를 찾아 '다시 찾은 타이티'라는 풍경화를 그렸다.
청나라 말엽 건륭황제의 고희 잔치에 떠나는 조선 대표단에
연암 박지원이 따라나섰기에 '열하일기'를 쓸 수 있었다.

고흐도 프로방스 아를에 가지 않았더라면
불타오르는 듯한 '사이프러스 나무'는 그리지 못했을 것이다.
이경교 시인은 '길의 잠을 깨우고 싶었다.'고

길 찾기가 왜 구도求道의 행로이며
길 찾기가 왜 그대로 시의 여로인가를

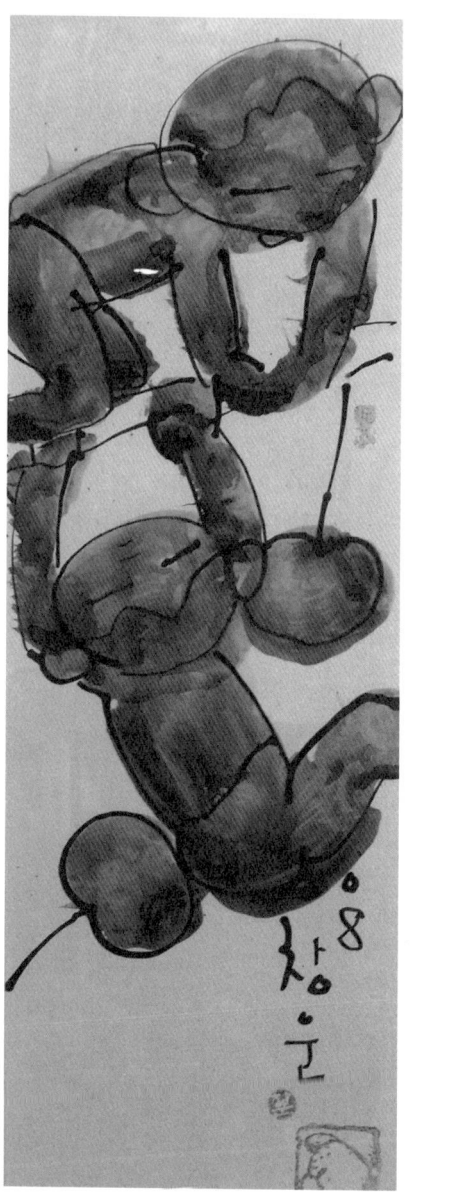

일본 교토의 고잔지高山寺에 전해지는 두루마리 그림에서 나온
13세기 원효의 얼굴.
수염이 덥수룩하고 낯빛이 검다.
두상이며 눈매가 어디에도 거침없이 살다간 고승의 풍모를 보여준다.

사진가 육명심은 소 한 마리를 찍어도 눈으로 대화를 나눈 연후에
셔터를 누른다고.
사진은 소통의 행위라고 말한다.

보들레르식으로 말하자면 만물과의 조응照應

아름다운 풍경이 산중에 들면
우리 마음이 편안한 것은
그들이 시나 그림으로 우리에게 다가서기 때문이다

수 없는 풍경이 나의 마음 안에서 둥둥 떠다니는 날, 날들

흔히 야외스케치를 내가 나간다고 말하지만
한 편 그림의 힘이 나를 끌고 나가는 것

세계 어딜 가봐도 이런 나라 없어요.
떼를 지어 관광버스로 야외 그림 그리러 나가는 화가들
유네스코 세계 유산에 등재될 만해요.

야외로 나가면 감사투성이에요.

구름이 가고 구름이 와도 산은 다투지 않아요.
나무는 키 재기 하지 않고 저마다 제자리에서
생존만이 승리라고 알려줘요.

사물을 보되
천천히 여유를 가지고 보라
그렇게 할 때
사물들은 우리에게 숨기고 있는 자신의 비밀까지도 보여준다

보르헤스는

책이 지루하면 내려놓으라고,

그건 당신을 위해 쓰인 책이 아니니까요

즐거움을 위해 책을 읽어야 해요

아름다움은 희귀한 것이 아니에요

아름다움은 흔한 거니까요, 널린 게 아름다움이에요

아름다움은 숨어 있는 것

들추어 발견한 사람의 몫이에요

〈찬 술〉을 읽은 일이 있다.

젊은 서정주가 밤새워 글을 쓰다 아침을 맞았다.
지친 그가 찬 술로 목 추기며 넋두리한다.

> 한 수에 오만 원 짜리 회갑 詩 써 달라던
> 그 부잣집 마누라 새삼스레 그리워라.
> 그런 마누라 한 열대여섯 명 줄지어 왔으면 싶어라.

가난한 시인의 술잔, 솔직한 바람에 미소가 솟는다.

내가 그린 그림, 방에서 보고 마당에 내다놓고 보고
학교에 가기 전에 보고 갔다 와서도 본다
방금 보고 또다시 보고프다

아이구 내 새끼야

잘 된 그림 남 주기 싫고
안된 그림 더욱 남 주기 싫으니 그림은 그래서 팔려나가는가 보다

아이구 내 새끼야, 귀여운 거

그림 판 날 나는 대개 3차를 한다

그림 판 기쁨에 한 잔 하고
쌀 살 돈 생긴 기쁨에 두 잔 하고
딸(그림) 팔아먹은 아픔에 석 잔 한다

어쨌든 깨지더라도 3차 하는 날이 많았으면 싶다
작품은 팔려도 섭섭, 안 팔려도 섭섭하다

전시는 아픔, 설렘, 기쁨, 기대, 서운함으로 끝난다
전시는 섭섭 투성이다

35년 만에 붓 잡은 사람 보았습니까?
바로 제 집사람이랍니다.

결혼해서 화장이라곤 모르던 사람이
무릎을 세우고 거울 앞에서 눈썹을 그리고 있는 걸
문틈으로 들켰거든요.

순간 나는 도망쳐 지금까지 웃고 있습니다.
좋아서 웃는 거랍니다.
너무 아름다운 광경인지라
손에 꼬옥 쥐고 나만 보려 합니다.

내 그림도 늦깎이로 남에게 들켰으면 좋겠습니다.

#
121

봄이면 산수유 꽃이 많이 피는 양평 쪽
장수 마을로 자주 야외스케치를 다닐 때이다.

안녕하십니까, 그림 그리러 또 왔습니다.

지나던 촌로 한 분이

열 장 그려 한 장 건지면 되잖아요!

물 한 방울에도 천지의 은혜가 담겨 있고
한 알의 곡식에도 만인의 노고가 담겨 있으므로
이것을 먹고 몸과 마음을 바르게 하여
만인에게 봉사하겠습니다.

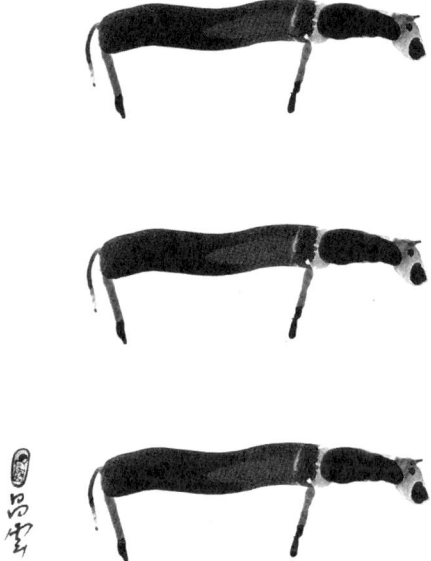

미세먼지가 한창 극성을 부리던 어느 날
나는 생뚱맞게 미세먼지의 반대말은 뭘까 생각해본 일이 있다.
곧바로 튀어나온 답은 '맑음'이다.

맑음이 있으면
미세먼지도 마스크도 닫았던 마음도
시원히 날려 보낼 수 있겠구나!

자연은 맑고 고움의 덩어리가 아니던가.
그런 자연과 함께 즐기려는 화가에게
자연은 말없이 자신의 몸을 내어준다.

끔찍할 정도의 파괴도 너그러이 받아들이고
폐허를 보기 위해 꾸역꾸역 모여드는 구경꾼도
모두를 '아름다움'으로 정의한다.

자연은 변화를 연장하려는
창조적 눈길.

자연이 인간에게 주는 지혜와 떠다니는
영롱한 빛과 내뿜는 생명의 바람 소리를 듣고
미세먼지에서 해방되어
공동의 선을 합창해 본다.

도시인들은 왜 산 밑에 집을 짓고
울타리부터 만들까?

수도원에서 생활하는 신부님께서 우리 성당에 오시어 미사 강론 중에 하신 말씀이다.

신부님께서는 수도원에 들어가기 전에는 그곳이 천국일 거란 생각을 하셨답니다. 그런데 막상 들어가 보니 바깥에서 생각한 것과는 거리가 멀었다고 합니다. 수도원 가족들이 사는 모습이 마음에 들지 않아 마음은 늘 평화롭지 못하였고, 마침내 갈등이 생기기 시작했답니다.

그렇게 3개월쯤 지났을까, 신부님은 자신의 본가를 찾아가 형님께 이런 상황을 말씀드렸다고 합니다. 동생 신부의 이야기를 다 들은 형님은 다음과 같이 말씀하셨습니다.

> 네가 남을 보고 맘이 편치 않았다면, 남이 너를 보고는 어떠했겠느냐….
> 서로서로 맞춰가며 사는 법이다. 낙원도 천국도 자신이 만들기에 달려있다.

반복되는 일상은 얼마나 시시한가!

일상을 상상의 저편으로 옮길 때
비극적인 것도
오히려 아름다운 정경으로 바꿀 수 있다.

이것이 예술의 세계관이다.

어떤 의미에서 상상력은 따스하다.
자연과 인간이 한 몸처럼 느껴질수록
상상력에선 인간미가 풍긴다.

좋은 시가 상상력으로 지어진 집이라면
좋은 그림은 상상력으로 만들어진 맛있는 음식이다.

새로운 현실을 창작하는 힘
새로운 감각을 향한 문
새로운 세계로 띄우는 초대장

이것이 곧 상상력이다.

시인 김광섭의 〈저녁에〉를 보자

> "저렇게 많은 별 중에서
> 별 하나 나를 내려다본다
> 이렇게 많은 사람 중에서
> 그 별 하나를 쳐다본다
>
> 밤이 깊을수록
> 별은 밝음 속에 사라지고
> 나는 어둠 속에 사라진다
>
> 이렇게 정다운
> 너 하나 나 하나는
> 어디서 무엇이 되어
> 다시 만나랴"

이웃에 살던 김환기는 〈어디서 무엇이 되어 다시 만나랴〉란 제목의 비구상으로 100호의 그림을 그려 출세작을 만들었다.
그림은 무수한 점들의 향연이다.
우연과 만남을 그렇게 형상화한 걸까.

이웃을 잘 끼고 살아야 한다니까.

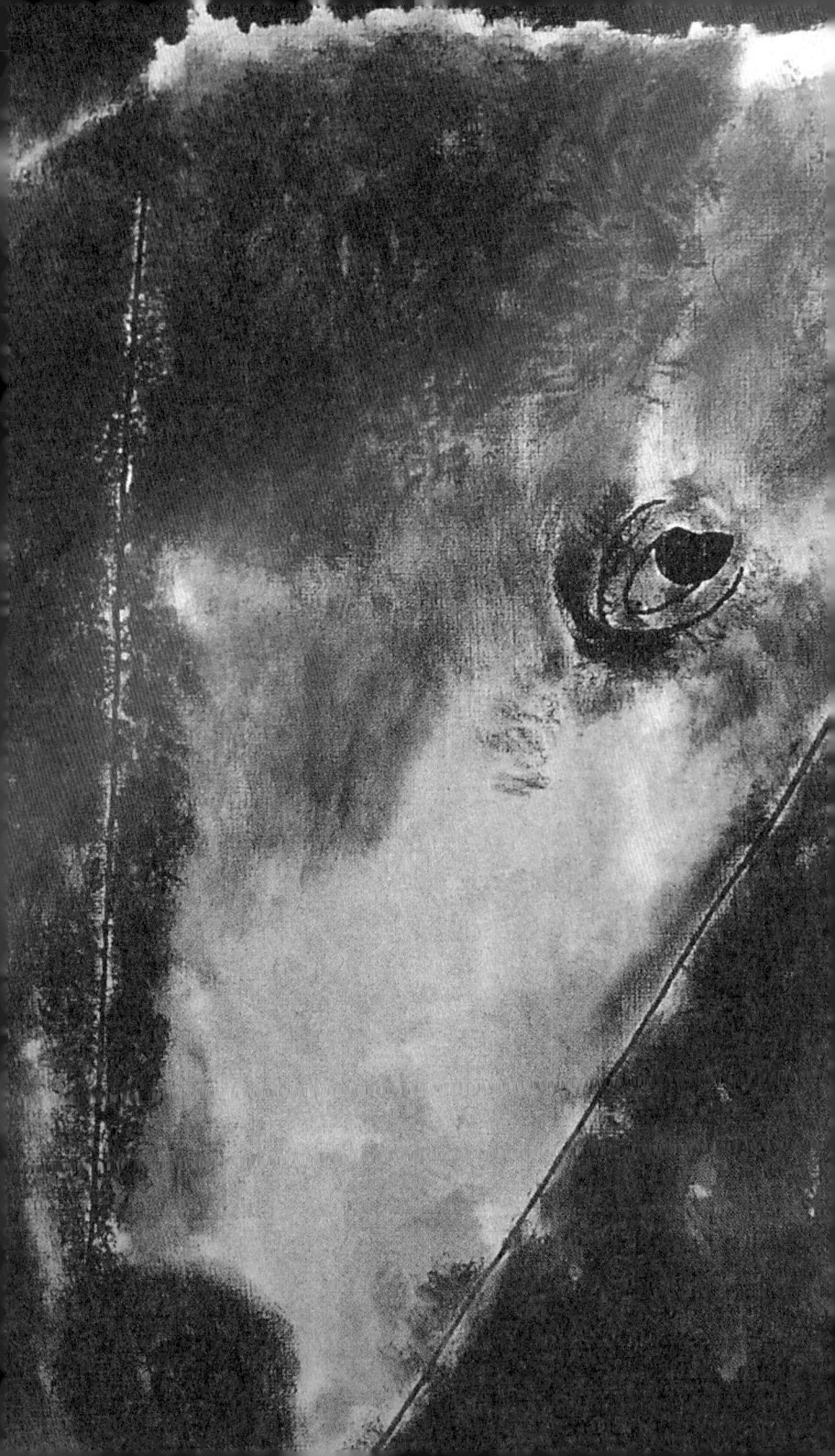

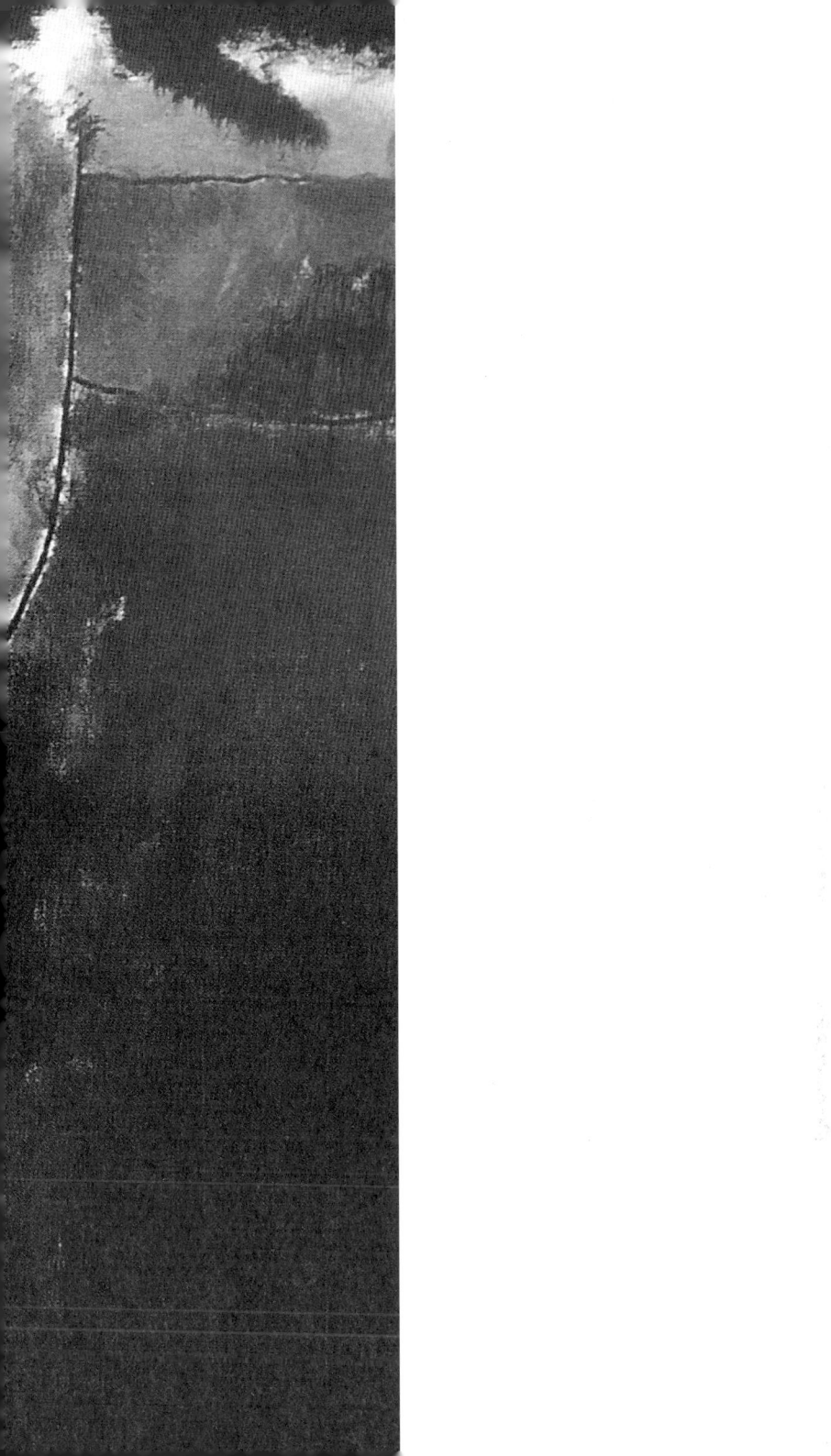

전남 구례군 토지면에는
조선 영조 때 낙안군수로 있던 류이주柳爾胄가 지은 고택 운조루가 있다.

그 집 헛간 뒤주에는 '타인능해他人能解'라 쓰여 있다.

주변에 굶는 사람은 누구나 곡식을 꺼내 가라,
쌀 고픈 사람 쌀 가져가라.

    그림 고픈 사람 배 채워 가란 데는 어디에 있을까!

그림을 보는 사람은 한 눈으로 보지만
작품을 만드는 사람은 열 눈,
아니 백 개의 눈으로 보고 생각해서 작품을 만든다.
그것도 모자라 가슴속에 있는 천 개의 눈까지 캐내어 그린다.

작품은 만든 이의 아픔이다.

#
129

로마가 찬란한 문명을 만들 수 있었던 것은
패배한 적에게도 시민권을 부여하는
관용과 포용에 있었다.

로마인의 진정한 유산은
광대한 제국도 아니고 빛나는 유적도 아니다.

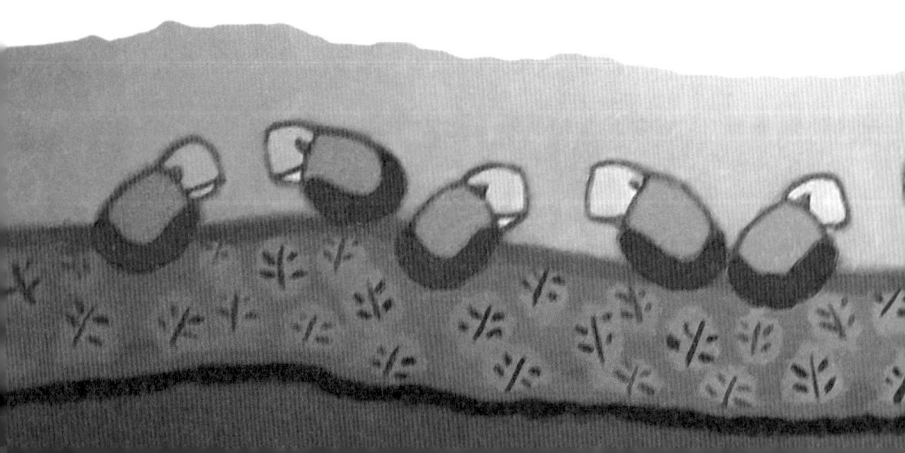

무엇이든지 풍요롭다고 반드시 좋은 것은 아니다.
더 바랄 것 없이 풍족하다고 해도
그만큼 기쁨이 큰 것은 아니다.

모자라는 듯한 여백
그 여백이 오히려 기쁨의 샘이다.

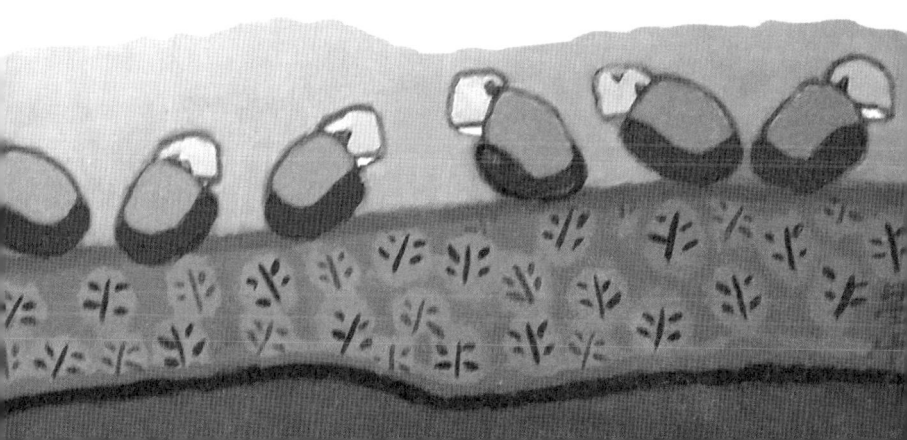

# 131

안나의 초상

하고 싶은 일을 하며 사는 인생은 복되다고 말은 쉽게 해보지만, 사실 그렇게 산다는 일이 여간 어려운 일인지를 나이 들어가면서 절실히 느껴봅니다.

올 따라 꽃들이 화들짝 한꺼번에 다 펴 온 세상은 이리 환한데 나의 한길 그림의 길은 춥고 바람 부는 날이 왜 이리도 많은지, 오늘도 앞이 잘 보이 질 않습니다. 마음은 앞서고 손은 뒤따라 주질 않는 것 같습니다. 그러나 어려운 과정을 통해서만이 생기 있는 희망의 결실을 이룰 수 있다는 진리 앞에서 힘을 다해 걸어봅니다.

한 마디로 예술은 즐거운 것입니다. 작가가 즐겁고 감상자가 즐거워야지요. 작가가 미치고 그림이 미치고 작품을 감상하는 사람이 미칠 때 세상은 평화롭고 행복하다고 봅니다.
인간이 볼 수 있는 능력을 지녔다는 것은 여간 커다란 은총이 아닙니다.
보이는 것만이 있는 것인가, 있는 것은 다 보이는가,
보이지 않는 것이 더 많이 보일 때가 얼마든지 있지 않습니까.

참된 예술가는 '본다'를 넘어
심안心眼으로 보이는 사물의 너머
혹은 그 안쪽의 비밀을 보는 사람이지요.
정신의 눈앞에 드러난 모습을 끌어안으려
상상하고 은유로 표현해야겠습니다.

일상이 답답할 때면 나는 화구를 둘러메고 야외로 나섰습니다. 아름다운 산수는 늘 그 넓은 품으로 저를 편히 안아주었습니다. 파란 하늘, 푸른 산, 하얀 개울, 내가 좋아하는 소 등 모두가 표정이 되어 나에게로 다가오고 있습니다. 실경實景을 뜨는 내가 아니지만, 야외로 나오면 풍부한 모델을 많이 만날 수 있어 갑자기 부자가 된 느낌이입니다.

햇볕 따고, 물소리 맞고, 바람 소리 줍고, 나는 새 건지고, 꽃향기 모으는 등 모두가 내 그림의 자양소가 되어주었습니다. 창조주가 차려준 기쁜 잔치에 초대된 사람이라 생각되어 언제나 나를 기쁘게 하지요.

나는 월남한 난민입니다.
함경남도 신고산이 고향이지요. 달밤에 아버지의 커다란 등 가방에 올라앉아 한탄강을 넘었습니다. 그래선지 두고 온 고향에 대한 그리움이 많은 사람입니다. 고향에 대한 기억은 곧 어머니에 대한 그리움으로 이어지고, 이것은 나의 그림의 모태가 되어온 셈입니다.
나의 그림에서는 머리에 수건을 두르고 들녘에서 김매는 여인들의 모습이 많이 보입니다. 이는 생명을 사랑하고 보듬는 아름다움이란 생각에서 그림의 화제로 올리게 된 것입니다. 들녘의 김매는 여인에서 시작해 우리들의 어머니로, 다시 나의 어머니에서 내 집사람으로 이어지는 아름다운 생육生育 정신의 유전인자라는 생각이 들어 소중하게 화면에 들입니다. 그것도 앞모습보다는 뒷모습으로, 확인보다는 은유적으로 표현하고 싶었습니다.

나의 작품 중에서 가장 마음이 가는 작품이 두 개 있습니다.

하나는 미사보를 쓰고 조용히 머리 숙여 기도하는 집사람의 초상화이고, 또 하나는 어둠한 좁은 부엌에서 설거지하는 뒷모습 그림입니다. 둘 다 2호 정도의 아주 작은 그림입니다. 비록 작은 그림이지만 그것이 내게 주는 힘은 세상의 그 어떤 것보다 위대하다 하겠습니다. 삶에 지쳐 어깨가 축 늘어졌을 때도 나를 곧추세워 걷게 해 주는 음성으로 들려주고, 어떤 때는 예술의 길을 올곧게 걸어가도록 무언의 회초리가 되어주기도 했습니다.

사실 미사보를 쓰고 기도하는 집사람은 세 번 만에 완성된 그림입니다. 처음엔 기도하는 사람의 조용한 아름다움으로 되도록 곱게 그렸습니다. 거실에 걸려 있던 이 그림이 새로운 눈길로 나를 끌어당기게 된 것은 첫 번째 그린 지 여러 해가 지나서였습니다. 기도하는 그림은 그 그림을 보는 누구나가 그 속에 들어가 기도하고 싶어야 할 것이 아닌가, 라는 소박한 생각에서 집사람 얼굴을 흐릿하게 덧칠을 해 두 번째 그림이 되었습니다. 세월이 지나던 어느 날 미사보 안을 집사람으로 다시 들이고 싶은 마음으로 확 달아올랐습니다. 그래서 집사람을 처음 그릴 때처럼 곱게 곱게 그려가기 시작했습니다. 그런데 어찌 된 일인가 마음은 맑고 고운 분위기로 그려가 보지만, 붓질은 반대로 자꾸만 거칠게 칠해가는 것이 아니겠습니까. 붓과 마음이 따로 놀고 있는 것이었지요. 결국은 세월 따라 살아온 집사람의 '마음을 닮은' 얼굴로 완성된 것입니다. 인생 칠십으로 올라선 집사람으로 말입니다. 안나가 영락없는 '수도자'의 얼굴로 완성되던 순간 나는 그만 울음을 터뜨리고 말았습니다. 이때 나의 초상도 함께 완성되었습니다.

몸의 시학

시각을 통해, 시각을 넘어서다

이경교 시인 (명지전문대 문창과 교수)

1. 뜻밖의 정경

제주도는 이국의 풍광을 보여준다. 한라산이 한가운데 멧부리를 틀어 서서히 낮아지면서, 마치 닭이 알을 품듯이 깃을 드리운 채 마침내 바다에 이르는 곳. 저 태평양상의 큰 섬은 신비한 경관뿐 아니라, 그 독특한 방언과 생활풍습, 곶자왈이나 쇠소깍처럼 낯선 지명들, 몸국이나 개역 같은 생소한 음식 이름들, 일일이 열거하기 어려울 만큼 육지와 확연히 다른 문화를 가지고 있다. 철저한 분가 원칙이나 해녀들의 숨비소리뿐인가. 우리가 제주도에 열광하는 건 이런 뜻밖의 정경들 때문이다. 그건 제주도가 운명적으로 예술의 속성을 간직한 땅이며, 그런 장소의 정신을 물려받은 자리란 뜻이 된다. 왜냐하면 예술은 바로 뜻밖의 정경을 빚어내는 행위이니 말이다. 그런 장소의 정신 탓일까. 추사와 중섭 이래 얼마나 많은 예술가가 제주를 꿈꾸며, 제주를 그리워하는가.

2. 시각의 조작과 왜곡

전창운 화백의 이번 제주 초대전은 그의 20여 회 개인전을 되돌아볼 기회를 우리에게 제공한다. 그림이란 숙명적으로 시각의 영역이다. 메를로퐁티의 입을 빌면, 시각은 몸에 주어진 기호를 해독하는 사유다. 그러므로 회화가 사유의 놀이로 변형될 때, 그 영역은 이미 형이상학적 차원으로 승화된다.

화가는 그 자신과 오브제의 유사성을 가장 먼저 발견하는 자들이다. 막스 에른스트가 화가의 역할은 자기 내부에서 가시화되는 것을 포착하여 투사하는 거라고 한 말도 그런 의미다. 화가는 시각으로 포착된 오브제의 내면을 자신과 동일시함으로써 새로운 형태를 창조한다. 파울 클레나 앙드레 마르샹이 고백한 것처럼, 화가들이 종종 오브제가 자신을 바라본다고 느끼는 건 그 때문이다. 우리가 눈을 통해 사물을 본다고 느낄 때, 화가들은 오브제가 자신을 본다고 인식하는 것이다.

나는 전창운 화백의 그림에서 이 점을 수없이 목도해왔다. 예컨대 흘겨보는 소의 눈빛이 그렇다. 사실 소는 흘겨보지 않고 천천히 고개를 돌려서 본다. 그러므로 인격화된 소의 그 당돌한 눈빛은 이미 화가의 심리적 정황이 투사된 경우라 할 수 있다. 이 말은 다음과 같은 부연이 필요해 보인다. 전창운은 소의 눈빛을 통하여 자신을 본다고 말이다. 다시 메를로퐁티에 의하면, 화가는 자기 몸을 세계에 빌려주며 이로써 세계를 회화로 바꾸는 사람이다. 그러니까 화가의 몸은 질료나 도구일 뿐, 정작 중요한 건 그림 속에 투영된 오브제이며, 화가는 그를 통해 그의 세계관을 반영한다는 것이다.

내가 주목하는 건 전창운의 나무들이다. 그는 종종 나무의 몸통 속에 다양한 풍광을 펼쳐놓는다. 이것은 근대적 사유형식, 이른바 모더니티의 세계상이 보여주는 조작과 왜곡에 해당한다. 여기서 조작과 왜곡은 상상력의 변주이며, 보다 넓게는 심리학직 영역으로의 확장이다. 그러니까 전창운 회화의 비밀은 오브제와 화가가 나누는 끝없는 교감의 현장이며, 시각을 통해 시각을 넘어서는 내면 풍경의 세계란 사실이다. 그의 그림은 이야기를 넘어서 새로운 담론의 생성에 이바지하고 있기 때문이다. 말하자면 이야기의 구조화 전략이 그것이다. 그 구조화 전략은 단연 메타포의 방식을 취한다는 점에서 그의 그림은 색채로 쓰인 시라고 말할 수 있다.

3. 호흡과 움직임

전창운 화백에게 영감의 형식은 대상과 함께 호흡하는 양식으로 드러난다. 이를테면 소 그림이나 나무의 모습은 물론, 자잘한 풀꽃들 또한 화면 가득 숨 쉬고 있는 걸 본다. 그뿐만 아니라 그의 섬 풍경이 보여주는 바다와 파도, 그리고 하늘의 표정은 강렬한 운동감으로 다가온다. 그건 밤바다와 어두운 하늘도 예외가 아니다. 그 움직임을 통해 우리가 느끼는 건 화가와 오브제를 연결하는 신비로운 호흡이다.

사실 영감이란 본디 '들숨'을 뜻한다. 평범하던 오브제의 어떤 기운을 화가가 들이마시는 순간, 그 오브제는 화가의 내면에서 요동치고 생기를 회복하며, 예상치 못한 자극과 반응을 불러일으키는 것이다. 바로 이때가 칭조직 충동이 여무는 순간이다.
하지만, 그 격렬한 한순간을 포착하기란 쉽지 않다. 얼마나 많은 시인의 펜 끝에서, 작곡가의 악보 위에서, 그리고 화가들의 붓끝에서 영감은 무참히 살해되었던가. 시니피에와 시니피앙의 이런 모순과 배반이야말로 예술가의 고통이며 숙명이다. 여기서 전창운이 획득한 영감의 생포방식이 바로 대상 속으로의 틈입이다.

이것은 대상과 함께 호흡하는 방식을 뜻한다. 호흡은 필연적으로 움직임을 요구한다. 그곳엔 어떤 부동의 진리나 불변의 원리마저 끼어들 여지가 없다. 그리하여 그는 오직 삼라만상의 변화에 발맞춰 숨을 쉬듯 그 변화의 궤적을 펼쳐놓는다. 그의 그림이 꿈틀거리거나 들숨을 내뱉는 것처럼 느껴지는 건 그 때문이다.

호흡의 미세한 운동들, 대상들은 그의 숨결을 따라 화가의 내면과 뒤섞이며, 감각적 사유의 잔영으로 옷을 갈아입는다. 그의 풍경들이 실물이나 실제의 모습과 다른 차연 효과를 반영하는 데는 그런 비밀이 숨어있다.

맹인은 지팡이로 대상을 가늠한다. 그래서 데카르트는 맹인들은 손으로 본다고 했다. 맹인이 지팡이로 대상을 상상하듯이 화가는 자신의 내면에서 굴절되고 변형된 세계를 그린다. 그것은 실제의 사물과 인과적 맥락을 요구하지 않을 뿐 아니라, 대상 속에 부재하는 지각을 만들어 내기도 한다. 이른바 심리적 호흡의 출렁임 때문이다. 우리는 그것을 내면 풍경이라고 부른다. 사실 회화란 평범한 대상을 호명하여 새로운 것으로 바꾸는 행위이며, 그 행위를 통하여 오브제와 화가의 관계를 아주 특별한 영역으로 확장하는 일이다. 우리가 그의 그림을 이해하는 경로 역시 여기서 찾을 수 있다.

4. 색채를 넘어서

나는 제주의 경관이 아주 특별한 까닭은 색채들의 조화와 그 조합이 빚어내는 다채로운 앙상블 때문이라고 생각한다. 그것은 제주만이 가지는 독특한 결합의 효과 때문이다. 이를테면 산과 바다란 동떨어진 이질성이 제주처럼 자연스럽게 한 몸을 이룬 장소는 찾기 힘들 것이다.

마침, 전창운 화백의 제주 초대전에 이와 흡사한 감동을 맛보는 건 그의 그림이 풍기는 색채의 앙상블 때문이다. 그의 색채는 신중하면서도 각별하다. '색은 우리 뇌가 우주와 만나는 곳'이란 세잔의 언명이 아니더라도, 그림은 사실 색채로 사유하는 예술이란 걸 부인하기 어렵다.

전창운의 색채는 그의 그림이 어느 곳에 있더라도 금세 두드러진다. 그만큼 그의 색은 개성적이다. 초기의 원색으로부터 오묘한 중간색의 세계를 거쳐 오는 동안, 그리고 회색이나 검정을 주조로 한 후기에 이르기까지 그는 색채를 통한 사유의 실험을 게을리 한 적이 없다. 아니다. 그의 그림은 선과 색, 질감과 질료성, 그리고 공간과 표피를 아우르는 동일성의 창조에 매달려왔다. 그리하여 그의 그림은 그 바탕 위에 이야기를 부여한다는 큰 틀을 유지해오고 있다. 이것이 바로 그의 그림이 지니는 독자적 콘텐츠성이며 시와 그림, 사물과 인간 사이의 상호교호성이다. 이것은 색채가 색채와 만나 변용을 일으키는 절대 변화의 차원이며, 연금술적 자기갱신의 순간이다. 그의 색채는 여기서부터 색채를 넘어서 우주로 비상한다.

epilogue

20세기 문화의 창시자 아르헨티나의 보르헤스(1899-1986)는 쉰여섯에 시력을 상실하고, 희수가 되던 해 여비서 고타마의 도움을 받아 '불교 강의'를 쓰지 않았던가.

영국의 세계적인 천체물리학자 스티븐 호킹(1942-2018)은 일흔일곱의 나이로 세상을 떠나기 수개월 전 인류 대재앙을 예고하며, '200년 내 지구를 떠나라'고 강조했다.

77살에
보르헤스는 쓰고
스티븐 호킹은 죽고
전창운은 일흔일곱을 맞았다.

하늘잡감

발행일 초판 1쇄 2018년 4월 23일
지은이 전 창 운

펴낸이 이 자 빈
편집디자인 . 마케팅 고도디자인 팩토리
제작처 고도디자인 팩토리

펴낸곳 별출판사
출판등록 2013년 10월 7일 제2013-000295호
주소 서울시 마포구 월드컵북로74 진영빌딩 5층
전자우편 adjani1004@naver.com
전화 02-338-3497 **팩스** 02-338-3498

ISBN 979-11-962108-4-7

*잘못 만들어진 책은 구입하신 서점에서 바꾸어 드립니다.
*값은 표지 뒷면에 표시되어 있습니다.

*「이 도서의 국립중앙도서관 출판예정도서목록(CIP)은 서지정보유통지원시스템
홈페이지(http://seoji.nl.go.kr)와 국가자료공동목록시스템(http://www.nl.go.
kr/kolisnet)에서 이용하실 수 있습니다.(CIP제어번호: CIP2018011400)」